영화 만들기로
창의융합 수업하기

영화 만들기로
창의융합 수업하기

발행일   2018년 5월 10일 초판 1쇄 발행
지은이   박현숙, 고들풀
발행인   방득일
편 집   신윤철, 박현주, 박정화, 문지영
디자인   강수경
마케팅   김지훈

발행처   맘에드림
주 소   서울시 도봉구 노해로 379 대성빌딩 902호
전 화   02-2269-0425
팩 스   02-2269-0426
e-mail   momdreampub@naver.com

ISBN   978-89-97206-96-4 03370

아이템 선정부터 영화 제작, 영화 동아리까지

영화 만들기로
창의융합 수업하기

박현숙, 고들풀 지음

맘에드림

창의융합 수업 설계는 영화 만들기로

이중현(교육부 정책실장)

삶을 놀이처럼 즐기던 교사가 이번에는 놀잇감을 영화로 택했나 보다. 끊임없이 새로운 놀잇감을 개발하여 수준 높게 '노는' 모습이 부럽고 감탄스럽다. 혁신학교를 통해 수업 혁신의 바람이 본격적으로 불기 시작한 것이 2009년이지만 사실 박현숙 선생님은 1991년 발령을 받아 교직에 입문한 이후 한 번도 수업 혁신의 노력을 놓은 적이 없는 교사다. 놀이를 수업, 학급운영과 접목해 꽤나 유명세를 타더니 지금은 수업을 설계하고 컨설팅하는 데 전국 최고라 해도 과언이 아닐 만큼 수업 혁신의 명사가 되었다. 수업으로 힘들어하던 교사들과 의기투합해 장곡중학교를 수업 혁신의 메카로 만들었고, 2014년에는 아예 수석교사로 전향해 본격적인 수업 컨설팅 전문가의 길로 들어섰다.

수업 혁신의 가장 큰 특징은 교사들끼리 서로의 수업을 보고 배움을 나누는 데 있다. 그러다 보면 자연스럽게 다른 교과의 수업 내용을 알게 되고 서로 공통되거나 보완이 될 만한 내용들을 결합하는 교과 통합 수업에 대한 필요성을 느끼게 된다. 초등학교야 한 교사가 여러 교과목을 가르치니 교과 간 통합이 어려운 일은 아니지만, 중등학교에서는 과목 간 넘나듦이 결코 쉽지 않다. 지식은 교과로 분절될 수 없을 텐데 학교교육은 철저히 과목으로 분리되어 있다. 각자 자기 교과를 알아서 하다 보면 서로 비슷한 내용을 중복해서 배우거나 놓치는 경우도 발생할 것이다. 이렇게 교사들이 서로의 수업을 보며 각자의 교과목을 결합하거나 상호 보완하면서 학생들의 배움을 촘촘한 구조로 엮는 일은 매우 중요하다.

영화와 연극은 창의융합형 수업을 설계하는 데 가장 좋은 수단이라고 생각한다. 각 교과의 성취 목표를 잘 조합하면 알아야 할 것들을 놓치지 않으면서도 재미있게 배울 수 있다. 어떻게 이렇듯 기발한 생각을 했을까? 발상은 누구나 할 수 있지만 실행에 옮기는 것은 누구나 할 수 없는 일이기에 더 큰 박수를 보내고 싶다.

공동 저자인 고들풀은 건국대학교에서 영화를 전공한다. 여기까지는 별로 관심을 끌 만한 대목이 아니다. 그런데 박현숙 선생님의 딸이라는 것이 재미있다. 중학교 2학년까지 발레를 전공했단다. 발레리나의 몸은 하늘이 주는 선물인데 너는 그 선물을 못 받았으니 그만두라는 엄마의 매정한 만류에 며칠을 울다 포기했다고 한다. 발레리나의 몸 대신 무대에 대한 열정과 끼를 선물로 받았는지 결국 경기예술교등학교 영화과에 진학해 각종 청소년 영화제에서 입상했다.

고3이면 입시로 눈코 뜰 새 없이 바쁜 것이 보통의 일인데, 두 모녀는 평범함을 거부한 채 한 달 동안 남미 여행을 즐기고 돌아왔다. 그럼에도 버젓이 대학생이 되었으니 고들풀의 재주도 범상치 않은 듯하다. 졸업을 앞두고 좀 더 다양한 경험을 하고 싶어 휴학하고 장곡마을학교에서 꿈의학교로 동네 청소년들을 꾀어 영화를 만들고, '방구석 영화제'를 만든 '그 엄마의 그 딸'이다.

아이들과 영화 만들기를 해보고 싶은데 너무 막연해서 엄두가 안 났던 선생님이라면 이 책을 통해 도전해볼 용기를 얻을 수 있을 것이다. 영화를 전공하는 아들딸들은 얼마든지 있다. 교사들의 교과 전문성을 뒷받침해줄 학교 밖 전문가들은 지방자치단체(지자체)나 마을에서 적극 찾아 연결해줬으면 좋겠다. 아니, 선생님들이 먼저 도와달라고 손을 내밀면 좋겠다. 동네마다 예술을 즐기는 유쾌한 청소년들이 많아질 것 같은 기분 좋은 예감이 든다.

내가 꿈꿔온 참 '별난' 수업

나는 행복한 교사다. 왜냐하면 학교에서 하고 싶은 수업을 다 해봤기 때문이다. 쉰 살이 넘었고 경력도 27년을 넘기고 있지만 여전히 하고 싶은 수업이 문득문득 생각난다. 당장 교실에서 해볼 수도 있다. 여기엔 혁신학교인 장곡중학교 교사였던 경험의 힘이 가장 크다. 지금은 성취기준으로 수업을 하지만, 그 전에는 학습목표가 있었다. 2015 개정 교육과정에서는 핵심 역량을 말한다.

우연인지 모르지만 한창 교사로 혈기왕성하게 활동했을 때 지금 이야기하고 있는 핵심 역량이 나를 괴롭혔다. 학교교육이 왜 필요하고 국어 수업에서 무엇을 해야 하는지 고민하며 수업을 할 때, 교과서만으로는 할 수 없는, 교과서의 학습목표에서 말하지 않는 것들 때문에 수업을 준비할 때마다 어려웠다. 이를테면 '대화로서 말하기를 잘할 수 있다'와 같은 것들이다. 이것은 '말하기를 잘할 수 있다'로 끝나서는 안 된다. '대화로서 말하기를 잘하기 위해서는 상대를 잘 파악해야 하고, 그러기 위해서는 상대에 대한 공감이 있어야 하며, 공감하기 위해서는 상대에 대한 깊은 애정이 있어야 하지 않나?' 하는 의문이 들었다. 그런데 교과서에서는 말하기를 잘할 수 있다는 목표를 서술해놓고 말하는 기술을 가르치는 문항이 학습활동으로 구성되어 있었다. 교과서는 늘 그런 식이었다. 국어라는 과목이 말하고, 듣고, 읽고, 쓰는 기술을 가르치는 과목이 아닌데 그런 기술을 가르치도록 만들어져 있었다.

희곡은 읽고 감상하는 것보다 직접 연극을 해보는 것이 좋다. 희곡에 대한 이해를 높이고 연극에 눈을 뜨게 하는 것이 도움이 되기 때문이다. 나아가 어른이 돼서도 연극을 한 번쯤 보게 만드는 작은 힘으로 작동한다. 그래서 교실에서 직접 해보는 게 중요했다. 그런데 이런 수업은 항상 교장, 교감 선생님에게 야단을 맞는 빌미를 제공했다.

"왜 국어 시간에 그림을 그리고, 노래를 부르느냐?"

"왜 국어 시간에 가만히 앉아서 읽고 필기하지 않고, 돌아다니고 여럿이 모여 옆 반 시끄럽게 떠드느냐?"

이런 문제 제기에 "국어는 그런 과목이 아니다.", "이렇게 하지 않으면 학습목표에 도달할 수 없다."라고 말했지만, 그들 눈에 나는 항상 학교의 질서를 어지럽히는 문제 교사였고, 아이들을 풀어놓아서 망아지처럼 날뛰게 하는 이상한 교사였다.

그동안 나는 이상한 교사여서 참 다행이라고 생각한다. 지금도 이상한 교사다. 국어 시간에 과학책도 펴고, 도덕책도 펴서 보게 하고, 시를 쓴답시고 아이들과 학교 화단을 어슬렁거리는 골치 아픈 교사다. 이런 교사가 다행스럽게 혁신학교를 만나서 그동안 야단만 맞던 수업을 잘한다고 인정받고, 이젠 나의 수업 활동지까지 빛을 보니 쥐구멍에 찬란한 태양이 뜬 것이다.

영화 만들기도 바로 그런 수업이다. 국어 교사로서 꼭 해보고 싶었던 일 중 하나가 학교에서 수업 시간에 단편영화를 만들고, 교내 행사로 단편영화제를 하고, 마을 축제 기간에 아이들의 작품을 모아 마을 공원에서 밤중에 영화를 상영하는 것이었다. 그런데 이런 일을 불과 몇 년 전에 할 수 있었다. 마을 축제 사무국장이 되어 마을 축제를 만들었고, 그 축제에서 동네 아이들의 단편영화를 상영하였다. 그리고 다른 학교 국어 수업을 4시간 지원하는 겸임교사(순회교사라고도 한다)를 하면서도 단편영화를 만들고, 그 학교에서 단편영화제까지 열 수 있게 하였다.

항상 마음에 품고 있던 수업을 한 그 순간, 그때의 환희를 어떤 말로 표현할 수 있을까? 펄쩍펄쩍 뛰고, 교실에 있는 아이 하나하나

끌어안고 볼에 뽀뽀를 하고 싶은 심정! 그 벅찬 감정을 억누르고 태연한 척 영화를 상영했을 때의 그 기분. 이런 것들이 나로 하여금 자꾸 새로운 수업을 꿈꾸게 한다. 겨우 영화 한 편 만들지만, 그 영화 한 편을 만들면서 아이들이 얼마나 크게 성장하는지, 교사는 또 얼마나 성장하는지 느껴봤으면 좋겠다. 새로운 수업을 꿈꾸게 하는 기쁨과 그 수업을 해냈을 때 느끼는 벅찬 감동을 다른 선생님들도 느껴봤으면 좋겠다.

애초 이 책을 기획할 땐 혼자 수업 시간에 영화를 찍었던 경험과 노하우를 쓸 생각이었다. 그런데 원고를 쓰면서 생각이 바뀌었다. '수업을 통해 영화 만들기의 즐거움을 맛본 아이들이 더 깊게 영화를 접하고 싶을 때, 학교는 어떻게 할 것인가?' 하는 생각이 들면서 딸과 함께 써야겠다고 마음먹었다. 들풀이는 고등학교 때부터 대학생인 지금까지 영화를 전공하고 있다. 그간 학교 영화제나 영화 동아리를 운영하며 얻은 노하우가 상당하다. 들풀이가 이 책의 4장을 맡아 썼는데, 대견하고 고마운 마음이 크다. 딸과 함께 쓴 책을 세상에 내놓으며, 나는 세상의 모든 아이들이 완벽한 어른이 되기보다는 항상 치열하게 성장하는 중이기를 바란다. 마지막으로 이 책은 나와 함께 수업을 같이한 동료 교사들이 없었으면 세상에 나오지 못했을 것이다. 그분들에게 감사와 존경의 마음을 전한다.

박현숙

수업 중에 영화를 만든다고요?

영화 만들기를 위한 수업 기획하기

학교에서 영화제 하기

영화 동아리 운영하기

1장

수업 중에
영화를 만든다고요?

영화는 어떤 교육적 효과가 있을까?

수업 시간에 '왜' 영화를 만들었는지부터 이야기를 시작해야겠다. 중학교 국어 교과서에는 3개 학년 중 반드시 한 번은 시나리오가 바탕글로 나온다. 소설이나 희곡도 나오지만 시나리오가 바탕글인 경우 성취기준으로 '시나리오에 대한 이해'가 있다. 그런데 시나리오를 이해하려면 실제로 시나리오를 가지고 영화를 만들어봐야 한다. 교사가 아무리 자세히 설명해도 영화를 직접 만들어보지 않으면 시나리오에서 영화까지 가는 멀고도 지난한 과정과 영화라는 매체의 특성을 알 수 없다. 그래서 교과서에 있는 시나리오로 영화를 만들었다.

다양한 방법으로 영화 수업을 시도했지만 진짜 영화 만들기 수업을 하기 전까지 내가 했던 방법 중 가장 진화한 것은, 한 반을 서너 모둠으로 나누고 교과서의 시나리오 분량을 모둠 수만큼 나눈

다음 각 모둠에게 자신들이 맡은 분량을 동영상으로 만들어서 하나로 이어 붙이는 방법이었다. 각각의 다른 모둠에서 찍은 동영상을 이어 붙여 하나로 만들기 때문에 시나리오에서는 같은 인물이 영화에서는 모둠의 수만큼 바뀌었다. 그래서 처음 보는 사람은 혼동할 수 있지만 영화를 만든 아이들은 절대로 혼동하지 않는다. 오히려 모둠별로 똑같은 인물을 누가 더 잘 연기했는지, 장면에 대한 이해와 해석을 잘했는지, 편집과 음향을 어떻게 했는지 비교할 수 있어서 상영 과정에서 더 많이 배운다.

이렇게 영화를 만들 때는 각 모둠이 시나리오를 받은 다음 배역을 정하지 않은 상태에서 대본 돌려 읽기를 한 후에 역할을 나누고, 카메라로 촬영하고, 편집을 한 후 학급에서 상영하는 아주 간단한 순서로 하였다. 그런데 그 간단한 순서를 진행하는 데도 한 달 이상이 걸렸다.

수업 시간에 내가 할 수 있는 일은 아이들을 재촉하는 것 외엔 아무것도 없었다. 첫 시간 대본을 모둠별로 나누고, 각각의 모둠이 자신들이 받은 대본을 돌려 읽으면서 내용을 분석하면 2차시 정도가 쓰인다. 그 시간 이후부터는 분석한 대본에 따라 촬영을 해야 하는데, 국어 시간에 준 3~4차시 정도의 시간으로 영화를 완성하는 모둠은 없다. 나는 수업 계획대로 편집은 과제로 주고 한 주 정도 여유를 둔 후 영화 상영 날짜를 예고하지만, 계획대로 반 전체가 각자 많은 분량을 촬영하고 이어 붙여 영화를 상영한 적은 단 한 번도 없다. 궁여지책으로 수행평가를 모둠 과제로 내면 한 반 서너 모둠 중 반 분위기에 따라 한두 모둠 만들어오는 경우부터 모든 모둠이 다 만들어오는 반까지 천차만별이었다. 그래서 만들어오지 못한 모둠들을 한 달, 두 달 계속 닦달해서 만들게 한 후 모둠의 부분들을 이어 붙여 상영회까지 갔다.

반 전체가 영화를 한 편 만드는 것이 가장 진화한 방법이라고 말한 이유는, 모든 모둠이 만들어와야 한 편의 완성된 형태로 상영하기 때문에 수행평가 점수를 포기하고 끝까지 안 만드는 경우가 생기지 않는다는 것이다. 교사가 아이들을 닦달하기도 하지만, 자신들이 만든 영화를 보고 싶은 마음에 아이들 역시 다른 모둠 친구들의 부분이 완성되기를 진심으로 바란다. 미루고 미루다가 얼렁뚱땅 아무렇게나 만들더라도 자신들의 부분을 만들어야 완성된 한 편의 영화를 상영할 수 있기 때문에 만들지 않고 건너갈 수는 없다.

그러나 겨우 만들어온 모둠도 진짜로 영화 제작에 참여한 학생은 편집을 한 학생과 연출자 정도에 불과한 경우도 있다. 이런 모둠은 서로 협력을 하지 않았기에 영화 제작에는 실패한 셈이다. 모둠원끼리 협력해서 만들려는 노력 대신 연출자가 이미 영화를 완성한 다른 모둠 친구들을 캐스팅해서 촬영하고 편집해서 완성하기에 결과적으로 그 모둠 아이들은 이 단원에서 영화에 대해 별로 배운 것이 없다. 그리고 아이들은 상영되는 영화를 보면서 자신들이 서로 싸우거나 미루거나 하면서 완성하지 못한 것을 두고두고 후회한다.

　내가 혁신학교를 하며 학생들의 배움을 염두에 두고 수업하기 전까지는 앞서 말한 영화 수업이 잘못됐다고 생각하지 않았다. 나는 국어 교사이고, 내가 할 수 있는 최선을 다해서 아이들에게 기회를 주었으며, 그 기회를 통해 아이들은 성취기준에 도달했다고 생각했다. 내 수업 기획에 대해서 어떤 문제를 느끼지 못했던 것이다. 다만 아쉬운 게 있다면 내가 편집에 대해 아는 것이 없어 가르칠 수 없기 때문에 기술 교사가 좀 도와줬으면 좋겠다고 생각했다는 것이다. 당시 교과 통합 프로젝트나 융합 수업 등을 좀처럼 하지 않던 시절이니 늘 아쉬움은 남았지만 어쩔 수 없다고 생각했다.

　그런데 수업을 통째로 바꾸면서, 내가 하던 시나리오 수업이 아이들에게 제대로 가르치지 않고 과정도 없이 결과만 요구했다는 것을 깨닫게 되었다. 시나리오가 영화로 만들어지기까지에는 무수한 과정이 있는데, 그 과정을 안내하고 활동을 도와주는 것이 교사가 해야 할 일이었다. 그런데 나는 그 과정을 무시하고 대본 분석까지만 하고 완성된 영화를 아이들에게 요구했던 것이다.

　마침 혁신학교를 시작하여 수업에 완전히 몰두하던 시절이었다. 내가 평소에 했던 수업을 모두 버리고 새로운 것들을 시도하는 시기라 시나리오 수업을 완전히 새로운 시각으로 봐야 했다. '아이들이 안 했다'가 아니라, '수업의 과정에서 어떤 문제가 있었을까?'라는 시각으로 수업을 보니, 놀랍게도 수업 실패의 원인은 나에게 있었다. 이런 깨달음이 있었을 때 다행스럽게 내 딸이 예술고등학교에서 영화연출을 전공해 많은 도움을 받을 수 있었다.《학교에서 영화찍자》(안슬기)라는 책도 도움이 되었다.

어설프게 제작하던 시기에도 아이들을 닦달하며 수업 시간에 영화를 만들었던 이유는, 영화 제작 수업이 주는 교육적 효과 때문이었다. 영화를 만들어보지 않고서는 시나리오가 영화화되는 과정에서 얼마나 큰 변형을 겪는지 알 수 없다. 장면에 대한 이해, 장면 번호가 왜 필요한지, 카메라 촬영 기법이 영화에 어떤 역할을 하는지 등은 겪어보지 않고는 알 수 없는 것들이다. 즉, 영화를 찍어보지 않으면 성취기준인 시나리오를 이해하는 것이나 영화를 이해하는 것 모두가 불가능하다.

또한 혼자 할 수 없는 작업이기에 집단의 갈등을 해결해야 완성할 수 있다. 교과서에 나온 시나리오는 학교 장면도 있지만 집과 같은 장면도 있고, 저녁 시간을 담은 장면도 있기에 학교 수업 외에 따로 모여 영화를 찍어야 한다. 등장인물로 어른과 아이들이 나온다면 역할에 맞는 배우도 섭외해야 한다. 자신들이 어른 역할도 하고, 아이 역할도 하는 경우가 있지만, 상영을 해보면 배우 캐스팅 역시 영화의 완성도를 높이는 큰 요인이라는 것을 아이들은 단박에 깨닫는다.

이런 과정들 속에서 아이들은 어느 모둠이라 할 것 없이 서로 싸우고 상대를 비난하며 교사에게 와서 다양한 사정을 하소연한다. 그렇지만 갈등을 해결하지 않으면 영화를 완성하는 것이 불가능하기 때문에, 싸우고 냉담하게 서로를 비난하던 아이들도 결국에는 갈등을 해결하고 작품을 완성한다. 이런 이유에서 소설의 갈등 단원에서 영화 수업을 한 적도 있다. 소설에서는 갈등의 해석이 소설 감상에 큰 역할을 하므로, 성취기준으로 갈등과 해결 과정을 통한 소설 감상이 제시되지만, 또 한편으로는 현실에서 갈등 해결 역량도 제시한다.

이런 성취기준들이 제시될 때, 교실에서 교과서로 하는 수업으로는 갈등 해결 역량에 도달하는 것 자체가 불가능하다. 이럴 때 영화 수업을 하면 아이들은 영화를 찍으며 친구들과 다양한 갈등을 겪고, 그 갈등을 해결하면서 대화와 타협, 양보, 상대방에 대한 존중과 배려가 필요하다는 것을 익힌다. 그리고 영화를 완성해 반에서 상영회를 하면 인간관계에서 성장한 자신들을 스스로 대견하게 생각한다.

이런 과정에서 영화라는 분야에 관심을 가진 아이들이 생겨나기도 하였다. 영화를 만들며 평소에 눈여겨보지 않던 것들이 눈에 들어오고 귀에 들리면서 영화라는 종합예술에 눈을 뜨게 된 것이다. 교사라면 아이들의 성장이 있는 이런 수업의 매력을 포기할 수 없을 것이다.

창의융합 수업으로 영화 만들기

다음은 2015 개정 교육과정에서 말하는 핵심역량에 대한 설명이다.

영화를 만드는 동안 이 핵심역량들은 전부 다 작동된다. 친구들과 협동 작업을 통해 한 편의 영화를 만들려면 첫 순서인 아이템 정하기부터 친구들의 다양한 의견을 듣고 협의해야 작업이 순조롭게 진행된다. 다른 사람의 의견을 경청하고 존중하는 자세가 없으면 반드시 다툼과 갈등이 생기고 작업을 완성해 내는 것도 쉽지 않다. 아이들은 영화 한 편을 만들어내는 내내 갈등을 조정하고 협업하는 과정을 겪는다. 그래서 영화 만들기가 끝나면 협업했던 모둠원끼리 끈끈한 정이 생기고, 이 경험을 통해 앞으로 살아가면서 벌어지는 갈등을 해결할 수 있는 역량이 길러진다. 실제로 수업을 하면서 처음에는 싸우느라 작업하는 속도가 더디지만 일정 시간이 지나면서 이 교육과정이 추구하는 인간상을 구현하기 위해 교과 교육을 포함한 학교교육 전 과정을 통해 중점적으로 기르고자 하는 핵심역량은 다음과 같다.

가. 자아 정체성과 자신감을 가지고 자신의 삶과 진로에 필요한 기초 능력과 자질을 갖추어 자기 주도적으로 살아갈 수 있는 자기 관리 역량

나. 문제를 합리적으로 해결하기 위하여 다양한 영역의 지식과 정보를 처리하고 활용할 수 있는 지식정보처리 역량

다. 폭넓은 기초 지식을 바탕으로 다양한 전문 분야의 지식, 기술, 경험을 융합적으로 활용하여 새로운 것을 창출하는 창의적 사고 역량

라. 인간에 대한 공감적 이해와 문화적 감수성을 바탕으로 삶의 의미와 가치를 발견하고 향유하는 심미적 감성 역량

마. 다양한 상황에서 자신의 생각과 감정을 효과적으로 표현하고 다른 사람의 의견을 경청하며 존중하는 의사소통 역량

바. 지역·국가·세계 공동체의 구성원에게 요구되는 가치와 태도를 가지고 공동체 발전에 적극적으로 참여하는 공동체 역량

_(교육부 고시 제2015-74호(별책1) 초·중등학교 교육과정 총론 중 발췌

서로를 이해하고 받아들이며 순조롭게 작업을 해나가는 모습을 종종 보았다.

학생들은 영화를 찍는 동안 한 장면을 찍더라도 어떻게 하면 예술적으로 가치 있게, 프레임 안으로 들여올까를 고민한다. 그러면서 평소에 무심코 지나치는 장면 속에서 아름다움을 발견하고 촬영한 후 인서트 장면으로 의미를 넣어서 작품을 만든다. 이런 작업을 하면서 아이들은 아름다움이 특별한 것을 창조하는 것일 수도 있지만 평범한 일상과 자연을 어떻게 바라보고 해석하는지, 어떤 방법으로 촬영하는지에 따라 만들어진다는 것을 알게 된다.

영화를 만드는 작업은 혼자서는 할 수 없으며 주변의 인물이나 장소 등을 활용해야 가능한 일이다. 따라서 학생 자신과 친구들이 가진 모든 인적 · 사회적 자원을 동원하여 인물을 캐스팅하고 장소도 협찬 받는다. 그 과정에서 자기 관리 역량, 지식정보처리 역량이 활용되며 필요성을 깨닫는다.

영화는 대중예술이기에 주제는 제한이 없지만 공동체에게 자신의 생각을 표현하는 과정을 거치면서 자신들의 생각을 조율하거나 공동체의 가치관에 파장을 일으킬 수 있는 생각들을 던진다. 그러면서 영화에 어떤 생각을 담아야 하는지에 대해 고민하고, 생각을 정리하는 기회를 갖는다. 그렇기에 영화를 만들면서 아이들은 영화와 함께 성장한다.

이렇듯 영화 만들기는 다양한 역량을 필요로 하므로 어느 한 과목에서 진행하는 것보다 다양한 과목들이 참여하면 더 훌륭한 수업으로 만들어진다. 2015 개정교육과정에서는 창의융합 수업을 권장한다. 그런데 창의융합 수업을 억지로 만들다 보면 창의적이지도 않고, 융합할 필요도 없는 수업들을 억지로 짜 맞추어 만들기도 한다. 억지로 기획해서 만들어진 수업은 교사나 학생들에게 귀찮은 일로 전락하는 경우가 많다. 교사가 어떤 마음으로 수업하느냐에 따라 아이들에게 다가가는 의미는 굉장히 다르다. 영화 만들기 수업은 이런 의미에서 좋은 창의융합 수업이다.

종합예술이 으레 그러하듯 영화 역시 다양한 부분이 융합되어야 작품 한 편이 만들어진다. 그런데 영화는 다른 종합예술보다 학교에서 가르치는 과목들의 융합이 더 다양하게 이루어질 수 있다. 그것은 카메라와 스크린이라는 매체의 활용과 편집이라는 기술이 융합되기 때문에 더더욱 그렇다.

영화는 기본적으로 시나리오라는 문학 창작물을 바탕으로 영화음악과 음향인 오디오 부분과 카메라 촬영, 편집과 상영으로 이루어진다. 시나리오는 국어 과목의 문학 단원에서, 영화음악과 음향은 음악 과목의 영상 음악 단원에서, 촬영과 편집은 기술 과목의 미디어 단원에서 각각의 성취기준을 잘 조합하여 수업을 구상하면 프로젝트 수업으로서 교사들의 교수 활동이 학생들의 작업을 지원하고 안내하는 데 손색없이 만들어진다. 여기에 미술이 참여하면 영상 미술 단원을 통해 콘티 그리기와 다양한 미술 작업이 가미되면서 영상이 더욱 예술성을 얻을 수 있다. 그래서 억지로 만드는 창의 융합 프로젝트 수업이 아닌 상호 보완적인 작업을 통해 학생들에게 영화 만들기의 맛을 제대로 보게 해줄 수 있는 수업으로 만들어진다.

창의융합 프로젝트 수업으로 만드는 영화는 교사들이 각자의 영역에서 전문성을 발휘할 수 있어 최소의 노력으로 큰 결실을 볼 수 있다는 장점이 있다. UCC 만들기 활동의 경우 국어과, 미술과, 도덕과, 사회과, 과학과, 기술과 등 다양한 과목에서 한다. 그런데 학생의 입장에서 보면 어떤 과목에서도 처음부터 끝까지 단계적으로 자세하게 접근해주지 않는다. 국어과에서는 시나리오까지 교사의 손길이 가지만 그 이후는 모둠 과제로 완성된 동영상을 요구한다. 미술과나 다른 교과에서는 시나리오는 학생의 몫이다. 기술과에서는 편집에 대해 배울 수 있으나 나머지 과정은 상세한 설명이나 활동 없이 과제로 주어지거나 시간만 주고 만들어 제출하라는 식의 수업들이 진행된다.

그러다 보니 한 반을 수업해도 한 편을 제대로 만들어오는 경우는 50퍼센트 정도 되거나 그 이하인 경우가 많다. 다 만들게 하려고 기간을 계속 연장하면서 아이들을 닦달하지만, 결국 만들어 오는 아이는 늘 동영상 편집을 하는 학생이다. 그러다 보니 한 학생만 다양한 과목에서 요구하는 UCC를 만들게 되고, 나머지 학생들은 과정을 전혀 모르는 상태로 교육과정이 끝난다. 여러 과목에서 여러 개의 작품을 만들지만 전반적으로 작품성 있는 작품이 만들어지기도 어렵다.

미술과의 경우 영상은 괜찮으나 시나리오 수준이 낮아 작품성이 낮고, 국어과의 경우는 시나리오까지는 괜찮았으나 다 만든 영상은 시나리오를 못 담아내는 경우가 많다. 전반적으로 정해진 수업 시간 안에 동영상 작품을 다작으로 생산할 수는 있으나 좋은 작품을 만드는 단계까지 교사 개인의 지도로는 한계가 있을 수밖에 없다. 이런 경우에 다양한 과목의 창의융합으로 만들어내는 영화 프로젝트 수업은 교과의 전문성이 각 부분에서 발휘되기 때문에 학생들은 잘 연결된 교육과정을 경험하게 되고, 그 과정을 통해 영상 제작 전반을 이해하고 영화를 만들어낼 수 있게 된다.

학기 말·학년 말 프로젝트 수업, 자유학기제 선택 과목으로 영화 만들기

학기 말과 학년 말은 잘되던 수업도 망가지는 시기다. 지필고사와 수행평가가 끝나고 바쁜 학교 일정과 느슨한 학생들의 마음이 만나 제대로 된 수업을 진행하기가 어렵다. 이런 시기를 알차게 보내는 방법으로 영화 프로젝트 수업을 권한다.

창의융합 수업으로 영화 만들기를 할 때는 과목에 따라 영화 만들기 프로젝트의 부분이 달라지는 것에 비해 학년 말, 학기 말 수업으로 할 때는 한 학년 전체가 반별 시간표와 상관없이 똑같은 시간에 똑같은 내용의 수업이 진행된다. 따라서 학년 말, 학기 말 진도를 다 나간 과목들이 함께 모여 프로젝트를 진행하면 좋다. 예를 들어 사회와 수학 과목은 계속 수업을 해야 한다면 나머지 과목들은 프로젝트의 순서대로 반별로 진행하면서 영화를 만드는 것이다.

총 6개 학급이 있는 학년에서 1교시가 4반과 6반이 사회·수학 시간이라면 1반, 2반, 3반, 5반은 영화 만들기 1차시 활동인 아이템 만들기를 한다. 2교시에 수학과 사회가 들지 않은 반은 2차시 활동인 짧은 영화 보고 아이템 수정하기 활동을 하고, 1교시에 수학·사회였던 4반, 6반은 1차시 활동인 아이템 만들기를 하는 식이다. 이렇게 프로젝트를 진행하면 과목과 교사는 다르지만 한 학년 전체 학급이 대부분 같은 시간에 같은 활동을 하게 된다. 이런 이유 때문에 프로젝트에 참여하는 교사들은 활동 전반에 대해 잘 알고 있어야 학생들을 지원할 수 있다. 그래서 프로젝트를 시작하기 전에 교사들끼리 사전 협의를 꼼꼼히 하고 활동지를 제작해야 한다.

　학년 말, 학기 말에 진행하는 영화 만들기 프로젝트는 수업이 망가지는 시기를 활용하여 종합예술 작품을 제작해볼 수 있는 좋은 경험을 제공한다. 영화 만들기가 학기 말, 학년 말 수업으로 좋은 이유가 바로 여기에 있다. 아이들의 망가지는 수업 태도에 교사들이 상처 받고 실망하는 대신 아이들이 크게 성장하는 모습을 볼 수 있다. 또한 교과 진도 나가기에 급급하지 않아도 되고, 시간표는 다르지만 긴 시간을 한 호흡으로 쓸 수 있으므로 학생들에게는 한 가지에 몰입할 수 있으면서도 여유롭게 작업할 수 있는 시간이 확보된다. 학생들이 자신들의 생각을 마음껏 나누면서 여유를 가지고 어떤 일을 할 수 있는 시간이 보통 일과에서는 거의 불가능하지만 학기 말, 학년 말은 가능한 시기이다.

자유학기제 선택 과목으로 영화 만들기를 하는 것도 학기 말, 학년 말 수업과 거의 비슷하다. 다만 자유학기제 예산을 활용할 수 있는 장점이 있어서 훨씬 더 전문적으로 접근할 수 있다. 특히 각 반 모둠의 카메라 감독들을 따로 모아 전문가에게 촬영 기술을 가르치게 한다든가, 편집자들을 모아 편집 기술에 대한 수업을 한다면 교사들이 가르치는 것보다 뛰어난 작품을 만드는 데 도움이 될 수 있다.

현대의 일상에서 영상 매체가 차지하는 비중은 생각보다 크다. 영화 만들기는 영상 매체를 소비만 하는 입장에서 생산자가 되어보는 경험을 준다. 이런 경험이 있다면 소비자로서 어떻게 영상을 받아들이고 활용해야 하는지에 대한 생각과 태도를 길러줄 수 있다.

국어과 교육과정 재구성으로
영화 만들기 프로젝트

　내가 수업 시간에 처음 영화를 만든 이유는 교과서 바탕글이 시나리오였고, 성취 기준이 시나리오를 알고 영화를 감상할 수 있다는 것에서 비롯되었다. 그런데 영화를 만들면서 아이들이 성장하는 것이 보였고, 나 역시 함께 커가는 것이 느껴졌다. 그러다 소설의 갈등 단원을 만나면서 성취기준으로 문학에서 다룬 갈등 해결을 현실에서 갈등 해결의 힘으로 만들어야 할 때 영화 만들기가 성취기준 도달에 적절한 활동임을 깨닫고 도입하게 되었다. 그러다 보니 자연히 단원 재구성이 필요했다. 국어과 갈등 단원의 바탕글은 아주 일부 교과서를 제외하곤 소설을 바탕글로 사용하기 때문이다. 그래서 다른 단원에 있는 시나리오를 가져와서 성취기준을 다시 배열하고 통합하면서 국어과 교육과정을 재구성하게 되었다.

중학교 2학년의 경우에는 창작 단원과 매체 단원, 글쓰기 단원의 성취기준을 재구성하면 영화 프로젝트가 만들어졌다. 매체 단원에서 영상 매체의 특성과 매체 비평을 배우고, 창작 성취기준으로 시나리오를 창작하고 영화 만들기 과정을 글쓰기로 연결시키면 국어과 교육과정이 재구성되었다. 이 과정에서 시나리오(또는 시놉시스)는 창작 단원의 수행평가로, 영화 프로젝트를 제재로 한 수필 쓰기는 쓰기 수행평가로, 영화 감상평 쓰기는 매체 비평 수행평가가 되기도 하였다. 그러다 보니 자연스럽게 과정 평가가 만들어졌고, 지필고사는 서술형 평가 내지 논술형 평가로 변하였다. 그래서 과정 중심 평가, 서술식 논술식 평가라는 말이 나왔을 때 필자는 이미 하고 있는 평가였다.

　다음 사진은 2016년 인근 학교에 순회 교사로 국어 4시간을 지원하러 갔을 때 했던 수행평가다. 매체 단원에서 2학기 창작 단원과 쓰기 단원의 성취기준으로 단편영화 수업을 하였고, 프로젝트를 수행하는 중에 수행평가를 한 답안지다.

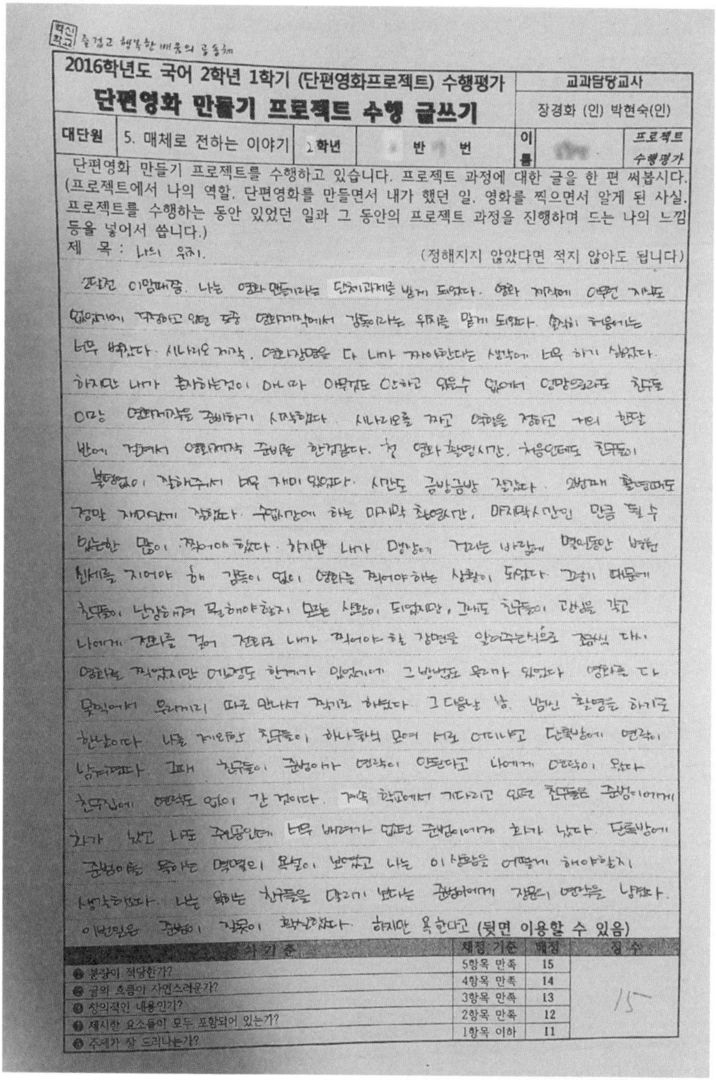
혁신학교 즐겁고 행복한 배움의 공동체

2016학년도 국어 2학년 1학기 (단편영화프로젝트) 수행평가					교과담당교사	
단편영화 만들기 프로젝트 수행 글쓰기					장경화 (인) 박현숙(인)	
대단원	5. 매체로 전하는 이야기	2학년	[illegible] 반 [illegible] 번	이름	[illegible]	프로젝트 수행평가

단편영화 만들기 프로젝트를 수행하고 있습니다. 프로젝트 과정에 대한 글을 한 편 써봅시다. (프로젝트에서 나의 역할, 단편영화를 만들면서 내가 했던 일, 영화를 찍으면서 알게 된 사실, 프로젝트를 수행하는 동안 있었던 일과 그 동안의 프로젝트 과정을 진행하며 드는 나의 느낌 등을 넣어서 씁니다.)

제 목 : 나의 위치.

(정해지지 않았다면 적지 않아도 됩니다)

2달전 이맘때쯤, 나는 영화 만들기라는 단체과제를 받게 되었다. 영화 제작에 어떤 지식도 없었기에 걱정하고 있던 도중 영화제작에서 감독이라는 위치를 맡게 되었다. 솔직히 처음에는 너무 싫었다. 시나리오 제작, 영화장면을 다 내가 짜야한다는 생각에 너무 하기 싫었다. 하지만 내가 혼자하는것이 아니라 아무것도 안하고 있을수 없어서 엉망으로라도 친구들이랑 영화제작을 준비하기 시작했다. 시나리오를 짜고 역할을 정하고 거의 한달반에 걸쳐서 영화제작 준비를 한것같다. 첫 영화 촬영시간, 처음인데도 친구들이 불평없이 잘해주셔서 너무 재미있었다. 시간도 금방금방 잘갔다. 2번째 촬영때도 정말 재미있게 찍었다. 수업시간에 하는 마지막 촬영시간, 마지막시간인 만큼 필수 필요한 많이 찍어야 했다. 하지만 내가 맹장에 걸리는 바람에 몇일동안 병원 신세를 지어야 해 감독이 없이 영화를 찍어야하는 상황이 되었다. 그렇기 때문에 친구들이 난감해 하며 뭘 해야할지 모르는 상황이 되었지만, 그래도 친구들이 관심을 갖고 나에게 전화를 걸어 전화로 내가 찍어야 할 장면을 알려주는 식으로 조금씩 다시 영화를 찍었지만 어느정도 한계가 있었기에 그 방법도 무리가 있었다. 영화를 다 못찍어서 우리끼리 따로 만나서 찍기로 하였다. 그 다음날 밤, 밤신 촬영을 하기로 한날이다. 나를 제외한 친구들이 하나둘씩 모여 서로 어디냐고 단톡방에 연락이 남겨졌다. 그때 친구들이 준범이가 연락이 안된다고 나에게 연락이 왔다. 친구집에 연락도 없이 간 것이다. 계속 학교에서 기다리고 있던 친구들은 준범이에게 화가 났고 나도 주인공인데 너무 배려가 없던 준범이에게 화가 났다. 단톡방에 준범이를 욕하는 몇몇의 욕설이 보였고 나는 이 상황을 어떻게 해야할지 생각했다. 나는 욕하는 친구들을 달래기 보다는 준범이에게 장문의 연락을 남겼다. 이번일은 준범이 잘못이 확실했다. 하지만 욕한다고 (뒷면 이용할 수 있음)

평 가 기 준	채점 기준	배점	점 수
❶ 분량이 적당한가?	5항목 만족	15	15
❷ 글의 흐름이 자연스러운가?	4항목 만족	14	
❸ 창의적인 내용인가?	3항목 만족	13	
❹ 제시한 요소들이 모두 포함되어 있는가?	2항목 만족	12	
❺ 주제가 잘 드러나는가?	1항목 이하	11	

수행평가 답안지

다음은 영화 제작 프로젝트의 지필고사 문항이다.

2014학년도 2학기 1차 지필평가			
제1학년 국어과			
과목코드	01	고사일	2014년 10월 14일 1교시

[서술형2, 논술형1] 다음 글을 읽고 물음에 답하시오.

> 갈등이란 칡과 등나무가 서로 얽히는 것과 같이, 개인이나 집단 사이에 목표나 이해관계가 달라 서로 충돌하는 것을 의미한다. 우리가 사는 세상은 다양한 생각과 가치관을 지닌 사람들이 모여 사는 복잡한 곳이기 때문에, '무엇을 먹을까?'와 같은 사소한 갈등을 비롯하여 이성 문제, 진로 문제, 이웃 문제 등 다양한 갈등이 있다. 문학작품에 나타난 등장인물들의 삶은 이런 갈등을 해결하는 데 좋은 참고가 될 수 있다.

【서술형 2】 여러분은 현재 단편영화를 제작하고 있습니다. 여러분의 단편영화 시놉시스 중에 설정된 '갈등'의 내용을 설명하시오. [8점]

【논술형 1】 여러분은 단편영화를 제작하고 있는 중에 모둠 친구들과 여러 가지 갈등을 겪었고, 다양한 방법으로 해결하면서 진행하고 있을 것입니다. 이런 갈등과 극복의 경험이 여러분이 살아가면서 생기는 '갈등'을 극복하고 해결하는 데 어떤 도움이 될 것인지 서술하시오. [8점]

서술형·논술형 평가 모범 답안 및 채점 기준표

문항 번호	배점	정답	유사 답안	채점 기준	부분 배점
서술형 2	8	자신이 쓴 시놉시스나 모둠의 시놉시스에 들어 있는 갈등의 내용을 잘 설명했다.	내용 설명이 갈등을 일으키는 것이면 정답으로 인정	갈등의 내용이 설명됨	8
				갈등의 의미가 설명됨	4

논술형 1	8	단편영화를 만들면서 겪은 갈등과 해결의 과정이 앞으로 살아가면서 겪게 될 갈등을 해결하는 데 도움이 됨을 논리적으로 타당한 방법을 사용하여 썼다.	실제의 사례를 들어 보이며, 삶에 도움이 될 수 있다는 것을 타당하게 주장하면 정답으로 인정	갈등의 경험이 미래의 삶에 도움이 됨을 논리적이거나 타당한 방법을 사용하여 이야기함	8
				갈등의 경험이 미래의 삶에 도움이 됨을 이야기함	6
				갈등의 경험만 이야기함	4

2013학년도 2학기 1차 지필평가 제1학년 국어과			
과목코드	01	고사일	2013년 10월 14일 1교시

【논술형 4】 여러분은 다음과 같은 과정을 거쳐 영화를 만들었다. 다음의 과정 중에서 영화를 만들 때 가장 중요한 과정이라고 생각하는 것 <u>한 가지</u>를 고르고, 그렇게 생각하는 이유를 <u>두 가지</u>만 쓰시오. 【14점】

【논술형 5】 영화를 만들 때 협력적인 작업이 중요한 이유를 말하고, 사례를 들어 설명하시오. 【10점】

이와 같이 영화 만들기 프로젝트로 수업을 하면 수행평가, 지필고사의 평가 문항은 지식을 알고 있는지 묻는 결과 중심 평가를 적용할 수 없다. 여러모로 영화 만들기 수업은 요즘 말하고 있는 활동 중심, 학생 중심 수업, 성장 참조형 평가에 접근할 수 있는 수업이다.

다음은 기술과 수행평가의 예이다.

기술과 수행평가	단편영화 만들기

1. 역할을 정해보자.

구분	명단
감독	
편집	
시나리오	
촬영	
배우	
프로듀서	

2. 영화의 주제를 설명해보자(국어 시간에 작성한 시나리오를 바탕으로 영화의 주제를 설명한다).

3. 현대의 영화는 어떤 미디어에 속해 있으며, 왜 그 미디어에 속해 있는지 모둠 활동을 통해 이야기해보자.

4. 영상 촬영 기법을 조사해보자(그림을 그리고 설명하자).

패닝숏 :	달리인 / 달리아웃 :

틸트업 / 틸트다운 :	핸드헬드 :
디졸브 :	줌인 / 줌아웃 :
트래킹 :	페이드인 / 페이드아웃 :

5. 영화에 들어간 효과 및 음악에 대해 감독의 의도를 설명해보자.

효과	음악

6. 영화를 완성하면서 가장 어려웠던 점과 가장 흥미로웠던 점을 모둠별로 상의하여 적어보자.

어려웠던 점	흥미로웠던 점

7. 각 모둠의 영화를 보고 감상평을 적어보자.

모둠명	감상평

다음은 음악과 평가의 예이다.

음악	학년	반		번호		이름	
대단원 : 영상 매체 속의 음악				소단원 : 영상에 어울리는 배경음악 만들기			

〈영화음악 평가서〉

2014년 학년 ( )반 ( )번 이름 :
영화 제목 :

자기평가

★ 영화 제작을 끝내고 난 지금 나의 생각은?

1. 우리 영화음악에 대한 나의 생각은?

2. 우리 영화에서 음악이 들어가기 전과 들어간 후를 비교한다면?

3. 이번 작업을 통해서 알게 된 영화에서 음악의 역할은?

4. 친구들과 함께 전체 과제를 마친 소감은?

모둠원 평가

이름	아이디어 제공	참여도	모둠을 위해서 한 일
	X △ ○	X △ ○	
	X △ ○	X △ ○	
	X △ ○	X △ ○	
	X △ ○	X △ ○	
	X △ ○	X △ ○	
	X △ ○	X △ ○	
	X △ ○	X △ ○	

모둠별 평가

구분	영화 내용	등장하는 음악	음악을 사용하여 얻은 효과	잘된 점과 아쉬운 점	점수 (5점 만점)
1					
2					
3					
4					
5					

2장

영화 만들기를 위한
수업 기획하기

영화 만들기 프로젝트 순서

영화 만들기 프로젝트는 학생들에게 전권을 주되, 과정을 촘촘하게 기획하여 제시해야 학생들이 활동을 이해하고 서로 협력하여 프로젝트를 완성한다. 그러면서 자신의 능력을 발견하고, 활동에 몰입하는 기쁨을 깨닫는다. 잘 준비된 수업은 학생들을 성장하게 만든다. 교사의 개입은 최소로, 기획은 최대한으로 하는 것이 학생들의 성취감을 높여준다. 그렇게 하기 위해서는 잘 만들어진 활동지가 큰 도움이 된다.

영화 만들기 프로젝트는 대체로 다음과 같은 순서로 이루어진다.

아이템 정하기 → 역할 정하기 → 시놉시스 쓰기 → 신 구분하기 → 시나리오 쓰기 → 콘티 그리기 → 촬영하기 → 편집하기 → 상영

여러 과목이 합쳐진 창의융합 수업이라면 이 과정 속에 영상 음악, 영상 미술, 촬영 기법 등의 수업이 진행된다. 영상 음악은 음악과에서 편집하기 전까지, 콘티는 미술과에서 촬영하기 전까지, 영상 미술에 대한 수업도 촬영하기 전까지, 기술과에서도 촬영하기 전까지 촬영 기법을 수업하고 촬영한 후에 바로 편집하기 수업을 하면 된다. 영화를 상영할 때도 영화제나 영상제를 염두에 두면 미술과에서 포스터를 그려서 교내·외에 부착하고 단편영화제를 개최하거나 축제 때 영상제를 할 수 있다.

학생들에게 활동을 줄 때 교사들이 말로 설명하는 경우가 대부분인데 효과가 좋지 않다. 교사의 설명은 학생들의 경청을 끊임없이 요구하지만 그 시간은 결코 짧지도, 간결하지도 않다. 그리고 설명이 기억되는 것이 아니기 때문에 활동하면서 교사에게 자꾸 질문하게 되며 이것은 활동에 집중하는 것을 방해한다. 그래서 활동 설명을 최대한 자세하게 한 활동지 제작이 필요하다. 활동지를 줄 경우 학생들은 읽고 생각한 후 활동을 시작한다. 잘 모르는 부분은 활동지에서 명확하게 질문하므로 교사는 꼭 필요한 부분에서 학생들에게 도움을 줄 수 있다. 활동을 줄 때 교사가 활동의 과정을 자세히 설명하지 말고 활동 주제만 간단히 말하고, 자세한 활동은 활동지로 제작하여 전체에게 나눠주고 활동하는 것이 좋다.

이런 이유에서 나는 앞으로 영화 제작 단계에 대한 설명과 함께 그동안 직접 제작하여 수업했던 활동지를 예시로 제시하려고 한다. 나의 활동지가 다른 교사들의 수업에 딱 맞지 않을 수도 있지만, 이 활동지들은 다 같이 수업했던 교사들이 함께 고민해서 만들고 사용했던 것이므로 상황과 대상에 따라 약간 응용해서 변형하면 학교 현장에서 사용이 가능할 것이다.

아이템 정하기

영화에서 아이템은 '어떤 사람이 어떤 사건 속에서 어떤 일을 하는 것'을 말한다. 한 마디로 '내가 만들고 싶은 영화'다. 아이템을 정할 때는 모둠원이 브레인스토밍을 이용하여 상상하는 모든 내용을 나눈다. 나누면서 가장 만들고 싶은 아이템을 잡을 수 있는데, 여러 사람의 생각을 합쳐서 아이템을 정하기도 한다.

학생들에게 영화를 만들어보라고 하면 영화관에서 상영하는 영화를 상상한다. 그런데 그런 영화를 수업 시간에 만드는 것은 불가능하다. 학교에서 만드는 영화의 상영 시간은 10여 분 정도 분량으로 생각하고 만들면 한결 가볍게 접근할 수 있다.

아이템을 정할 때 많은 학생이 막장 드라마나 학교 폭력과 같은 뻔한 이야기, 호러물 등을 먼저 말하기 시작한다. 그런데 이런 유의 영화는 열심히 만들고 난 후 작품을 보면서 후회할 가능성이 많다. 실제로 제작하는 과정에서 장면 연출의 어려움과 배우의 연기에서 좌절하고 다시 아이템부터 짜야 하는 일이 생긴다. 이런 점을 학생들에게 알려줄 필요가 있다.

그럼에도 학생들이 그런 영화를 만들고 싶어 한다면 교사는 제지하지 말고 만들게 내버려두는 것도 좋은 방법이다. 학생들이 그런 사실을 알고 시작하기 때문에 만드는 과정에서 처음 정한 아이템에 의미를 부여하고, 반전이나 새로운 시각의 촬영 등을 활용하여 애초 기획에 없었던 예술성을 만들어내기도 한다. 또한 실패 속에서 더 큰 성장의 깨달음을 얻는 경우도 종종 보았다.

영화 프로젝트 수업의 첫 시작을 아이템 정하기로 하면 학생들은 어려워한다. 그리고 영화 만드는 활동을 두려워하기도 한다. 그래서 아이템을 정하는 작업을 하기 전에 학생들이 만든 영화 두세 작품을 예시로 보면서 영화 프로젝트 활동에 대해 실감하는 기회를 주는 것이 좋다. 예시작을 볼 때 그냥 영화만 보게 하는 것보다 각각의 예시작에서 배울 점과 내가 만드는 영화에서 활용하고 싶은 부분을 찾아보고, 그런 사항을 메모하면서 보게 하면 활동 효과가 좋다.

다음은 위에서 제시한 것을 활동지로 제작한 예이다.

창의융합 프로젝트	반	번호		이름		영화 활동지 1
주제 : 영화로 세상을 만나다				예시 작품 감상		

※ 지금부터 여러분은 '영화'라는 것을 만들 예정입니다. 영화! 우리도 만들 수 있다고요. 선생
 님과 친구들과 함께 멋지고 재미있는 영화를 만들어봅시다.

1. **영화가 만들어지는 순서** - 영화는 다음과 같은 순서로 만들어집니다. 간단해 보이지
요? 그러나 이 간단해 보이는 순서 뒤에 엄청난 일들이 숨어 있습니다. 각오하고 시작
합시다.

> ① 아이템 정하기 → ② 역할 정하기 → ③ 시놉시스 쓰기 → ④ 신 구분하기
> → ⑤ 시나리오 쓰기 → ⑥ 콘티 그리기 → ⑦ 촬영하기 → ⑧ 편집하기 →
> ⑨ 상영

2. **예시 작품 감상** – 여러분의 친구들이 만든 두 편의 영화를 감상하고, 영화를 만드는
입장에서 볼 때 배우고 싶은 점과 우리가 만드는 영화에 활용하고 싶은 것을 느낀 대
로, 본 대로 자유롭게 말해봅시다.

제목	영화 1 〈비가 내리고 난 뒤〉	영화 2 〈이성 콤플렉스〉
아이템	부모님에게 형제들과 비교 당했던 개인적 경험에서 아이템을 가져옴	개인적인 경험인 부모님의 부부 싸움에서 아이템 가져옴
영화 줄거리	무엇이든 잘하는 형과 그와는 반대인 동생이 있다. 동생은 어렸을 적부터 형과 비교를 당하고 부모님은 늘 형만 인정하고 사랑하는 것처럼 여긴다. 결국 동생은 부모님 곁을 떠날 결심을 하지만 친구로부터 위로를 받는다.	예전부터 자신 때문에 부모님께서 많이 싸우셨고, 결국에는 자신을 탓하며 집을 나간 엄마. 그 이후로 이성에 대한 콤플렉스를 갖게 된 남자아이가 있다. 반면, 가족이지만 남보다 못한 아빠와 남동생이 있는 여자아이가 있다. 이성에 대한 콤플렉스를 가진 두 남녀가 학기 초 짝이 된 후 서로의 아픔을 이해하고 가까워지는 과정을 이야기한다.
배우고 싶은 점		
우리 영화에 활용하고 싶은 것		

창의융합 프로젝트	반	번호		이름		영화 활동지 2
주제 : 영화로 세상을 만나다				아이템 정하기		

※ 이 시간의 활동은 '아이템 정하기'입니다.

★★★ 아이템이란 – 어떤 사람이 등장해서 <u>어떤 일이 벌어질 것인지를</u> 말하는 것입니다.
재미없는 영화를 만들려면!

① 일상적인 뻔한 이야기를 만든다.　② 진정성 없이 이야기를 만든다.

③ 남들도 다 아는 이야기를 만든다.　④ 어디서 본 드라마를 베낀다.

⑤ 괴담류의 이야기를 만든다.　⑥ 막장 드라마처럼 만든다.

이렇게 만들면 단언컨대, 영화 망합니다. 이런 영화는 볼 가치가 없겠죠? 가치 없는 것을 친구들과 싸워가며 힘들게 했다면? 바! 보!

자, 그럼 아이템을 정해봅시다.

★★★ 아이템의 예

> ① 이혼한 가정의 15세 정도의 소녀가 아빠를 만나기로 한 날 초경이 시작된다.
>
> ② 6세 소녀가 있다. 이 소녀의 엄마는 한 달째 입원 중이다. 입원하기 전 엄마는 6세 소녀에게 어린 동생을 잘 보살피라고 부탁했다.
>
> ③ 17세 소년이 있다. 소년의 아빠는 화가이다. 아빠는 돌아가시고 엄마는 소년이 유명한 화가가 되기를 바란다. 그러나 소년은 자신이 아빠만큼 소질이 없음을 안다.
>
> ④ 아빠와 단둘이 사는 13세 소년이 있다. 이 소년은 만화영화 <파워레인저>만 보면서 자신이 파워레인저라고 생각한다.

★★★ 우리 모둠 아이템 만들기 – 우리 모둠의 아이템을 창의적이면서도 사실감 있게 만들어 봅시다. 괴담류나 뻔한 이야기, 남들이 다 아는 이야기를 만들더라도 주제 의식이 있는 영화라면, 혹은 영상이나 편집이 남들의 상상력과 다르다면 그것도 보는 재미가 있을 것입니다. 보는 사람들에게 어떤 이야기를 들려줄지를 생각하며 정해봅시다.

> · 내가 만들고 싶은 영화의 아이템 :
>
> · 우리 모둠이 정한 아이템 :

역할 정하기

영화 프로젝트 수업을 할 때는 먼저 영화를 만들 모둠을 정하고 시작해야 한다. 모둠을 정할 때는 무작위로 정하는 것을 권한다. 남녀 같은 수로 섞어서 모둠당 6~8명의 인원으로 구성한다. 학생들은 친하거나 역량이 있는 친구와 같이 작업하고 싶다고 하는 경우가 많다. 이렇게 하면 잘하는 아이들이 자기들끼리 모둠을 구성하고, 나머지 학생들끼리 어쩔 수 없이 모둠을 구성하게 되어 결국 영화를 완성하지 못하는 경우가 생긴다. 수업의 목적이 좋은 영화 한 편 뽑아내는 것이라면 그렇게 해도 된다. 하지만 영화를 만들면서 다양한 경험을 하고, 갈등을 해결하면서 일을 완성하는 가운데 얻게 되는 배움을 위한 프로젝트 수업이라면 이야기는 다르다. 친한 친구가 아닌 우연히 한 팀이 된 친구들과 작업할 수 있도록 수업을 기획하고 모둠을 구성하는 것이 좋다.

아이템이 정해지면 모둠원끼리 각자의 역할을 정한다. 역할은 연출, 프로듀서, 촬영감독, 소품 및 미술, 배우 등으로 정할 수 있다. 반드시 한 사람이 한 가지 역할만 하는 것은 아니고, 필요에 따라 여러 역할을 맡을 수 있다. 단, 한 사람이 너무 많은 역할을 맡다 보면 자칫 혼자 영화를 만들게 되어 다른 사람들은 아무것도 하지 않을 수 있으므로 주의해야 한다.

연출은 감독을 말한다. 영화는 연출자의 것이라 할 만큼 시작부터 끝까지 영화의 모든 것을 다 맡아서 해야 한다. 프로듀서는 상업 영화의 경우 연출보다 더 큰 역할과 책임이 있으나 학교 영화의 경우 연출자가 못 하는 영화 밖 일들을 한다. 배우 캐스팅, 장소 섭외 등 감독이 하고자 하는 사항을 받아서 직접 발로 뛰면서 해결하는 역할을 해야 한다. 그렇지 않으면 연출자의 일이 너무 많아서, 연출자 역할을 맡은 학생이 영화를 못 찍겠다고 매일 울며 찾아올 수도 있다.

학교 영화에서 프로듀서의 역할은 감독의 짐을 덜고 역할을 골고루 분배하는 것에 의미를 두기 때문에 상업 영화에서의 역할과 비슷하면서도 조금 다르다. 촬영감독은 스마트폰 카메라로 촬영하는 일을 한다. 소품 및 미술은 영화에 필요한 소품을 챙기고, 배우의 의상과 분장을 담당하며, 촬영 장소 안의 소품이나 가구 배치 등을 영화에 맞게 배치한다. 배우는 되도록 모둠원에서 하고, 모자라는 경우 같은 반에서 캐스팅해도 되지만 중심 인물은 모둠원에서 한다. 왜냐하면 모든 모둠이 영화를 찍고 있을 텐데 중심 인물이 다른 모둠이면 그 모둠의 촬영이 끝날 때까지 기다려야 하기 때문이다.

수업 시간에 영화를 만들다 보면 배우나 장소를 섭외하지 않고 학생이 어른 역할, 아이 역할을 하거나 장소도 학교에 있는 교실 등을 이용하는데, 이렇게 하면 영화가 영화답지 않다. 예를 들면, 엄마 역할을 하는 아이는 자신이 엄마 역할임을 알리기 위해 가슴에 '엄마'라고 써놓은 이름표를 달기도 한다. 장소의 경우는 패스트푸드점이라는 것을 알리기 위해 교실 칠판에 '○○햄버거'라고 써놓고 영상을 찍기도 한다. 이렇게 하면 영화는 서서히 생명을 잃기 시작하고, 영화 작업을 통해 학생들이 크게 경험할 것도 없다. 그렇기 때문에 영화를 찍는 학생들에게 반드시 배우 캐스팅을 하고 장소를 섭외하도록 한다.

간혹 병원처럼 장소 섭외가 어려운 경우가 있다면 학교의 보건실처럼 최대한 그 장소처럼 보일 수 있는 곳을 빌려서 찍게 한다. 수업 시간에 영화를 찍어야 하기에 배우 캐스팅이나 장소 섭외는 학교 안이나 학교 근처로 하고, 시간도 낮 시간에 벌어지는 일들로 구성하는 것이 좋다. 또한 낮에 학교에서 찍어야 하기에 배우도 교사, 교장 주무관 등 학교에서 쉽게 캐스팅할 수 있는 사람들이 하는 것이 좋다.

※ 이 시간의 활동은 '역할 정하기'입니다.

★★★ 어떤 역할이 있을까?

▶ 감독 : 영화는 감독의 작품이라 해도 과언이 아닙니다. 감독이 편집하는 것이 가장 좋습니다.

▶ 프로듀서 : 영화의 외적인 부분을 전부 책임지는 사람입니다. 촬영 장소 섭외, 배우 캐스팅 등의 일을 감독과 함께합니다.

* 장소 협찬: 신에 들어가는 장소는 반드시 협찬을 받아야 합니다.

▶ 촬영감독 : 촬영과 조명을 담당하는 사람입니다. 창의적인 시각, 좋은 장면을 위해서는 쓰레기통에도 들어갈 수 있는 열정적인 사람이면 최고입니다. 편집 시 감독과 함께합니다.

▶ 소품 및 의상 담당 : 각 장면에 필요한 소품 및 의상을 꼼꼼히 챙기고, 촬영 장소도 영화 분위기에 맞게 가꾸나 각종 물건 등을 배치합니다.

▶ 배우 : 어른은 주변에서 어른으로 캐스팅, 아이도 주변에서 캐스팅, 강아지, 고양이도 캐스팅!

▶ 편집 : 촬영한 각각의 동영상을 편집 프로그램으로 모아서 한 편의 영화로 잇습니다. 편집 프로그램 사용법을 아는 사람이 없으면 나중에 아는 사람에게 부탁해도 좋지만 배워서 할 수도 있으므로 역할은 정하는 게 좋습니다.

★★★ 위 내용을 바탕으로 우리 모둠의 역할을 정해봅시다.

감독	
프로듀서	
촬영감독	
소품 및 미술 담당	
배우	

시놉시스 쓰기

시놉시스란 간단히 말해 영화나 드라마의 줄거리를 말한다. 영화를 만들 때 시나리오를 바로 쓸 수 있으나 학생들의 경우 바로 나오지 않는다. 그래서 아이템을 정한 후에 약간의 이야기를 입힌다. 즉, 어떤 인물이 어떤 사건 속에서 어떤 일을 할 것인지를 상세하게 쓰는 것이다. 학생들이 아이템을 정하면서 모둠에서 많은 이야기를 나누었기 때문에 이야기를 입히는 것은 크게 어렵지 않다. 모둠에서 자신들이 정한 아이템에 살을 붙이면서 이야기가 좀 더 상세해지고 구체화되면서 각자 머리에서 다르게 있던 아이템의 윤곽이 드러나며 함께 만들 영화에 대한 그림이 대충 그려지게 된다.

영화를 만들면서 수행평가를 염두에 둔다면 시놉시스 쓰기에서 하는 것도 괜찮은 방법이다. 모둠에서 만든 아이템은 구체적이지

시놉시스를 쓰기 위해 이야기를 나누는 아이들

않고 막연하기 때문에 좀 더 구체적으로 이야기를 만들어야 한다. 모둠 아이템을 가지고 개인별로 시놉시스를 쓰게 하면 같은 아이템이라도 학생들마다 다른 이야기가 만들어진다. 이때는 아이템을 정할 때 적극적으로 참여한 학생이 비교적 쉽고 빠르게 시놉시스를 쓰며 내용도 더 섬세하다.

영화 만들기 활동에 관심이 있고 적극적으로 활동하는 학생은 아이템 생산에서도 적극적이기 마련이다. 그래서 수행평가를 할 때 개인별 참여 정도와 관심도에 따라 다른 결과가 나온다. 각 개인이 쓴 시놉시스는 평가용으로 걷고, 복사본을 다음 차시에 모둠별로 나눠주고 모둠의 시놉시스를 쓰도록 한다. 영화 만들기 프로젝트에 여러 과목이 참여할 때 이 방법은 과정 평가로 국어과에서 할 만하다.

국어과 성취기준 중에 작품 창작을 영화의 시놉시스를 쓰는 것으로 하고, 개인이 쓴 시놉시스를 개별로 평가하면 영화 프로젝트 과정이면서 창작 성취기준의 평가가 된다. 개인별로 시놉시스를 쓰기 때문에 같은 모둠이라고 해도 같은 작품이 아니고 수준이 다 달라서 개인별로 점수가 다르게 나온다.

또한 개인이 쓴 시놉시스를 모둠의 시놉시스로 만들기 때문에 그 과정에서 같은 아이템이 개인의 어떤 상상력과 만나느냐에 따라 어떻게 다른 이야기로 만들어지는지 친구들의 작품을 통해 배운다. 모둠에서 가장 잘 쓴 시놉시스를 모둠의 시놉시스로 정할 수도 있다. 또한 친구들이 쓴 시놉시스를 함께 읽은 후 서로의 이야기에서 좋은 부분을 합쳐 하나의 시놉시스로 만들 수도 있다. 이럴 경우에는 개인이 쓴 것보다 더 좋은 시놉시스가 만들어질 가능성이 높다. 시놉시스를 쓸 때 예시작으로 보여줬던 영화의 시놉시스를 예로 들면 학생들이 빨리 이해하고 자신들의 시놉시스를 쓸 수 있다.

다음은 시놉시스 쓰기 활동지의 예이다.

창의융합 프로젝트	반	번호		이름		영화 활동지 4
주제 : 영화로 세상을 만나다				시놉시스 쓰기		

※ 이 시간의 활동은 '시놉시스 쓰기'입니다.

★★★ 시놉시스란?

'시놉시스(synopsis)'란 영화의 줄거리를 말합니다. 시놉시스를 먼저 쓰고 시나리오를 쓰는 경우가 대부분이며, 영화제에 출품할 경우에는 시놉시스를 꼭 제출하도록 합니다. 간단한 줄거리이지만 오프닝과 같은 중요한 장면은 구체적으로 묘사해야 영화를 제작할 때 좋습니다.

제목 :   (정해지지 않았다면 적지 않아도 됩니다.)

창의융합 프로젝트	반	번호		이름		영화 활동지 5
주제 : 영화로 세상을 만나다				예시 작품 감상		

영화 〈이성 콤플렉스〉 시놉시스

학생 작품

열다섯 살 소년과 소녀 민재와 나리, 둘에게는 공통점이 있다. 이 둘은 '남자와 여자는 친구가 될 수 없다'고 생각한다. 어느 날 민재와 나리는 짝꿍이 된다. 둘은 서로에게 관심이 없었기에 며칠 동안 아무 말도 하지 않는다.

그러던 어느 날 음악 시간, 음악 선생님께서 수행평가 안내를 하셨다. 수행평가는 바로 짝꿍끼리 듀엣곡을 부르는 것. 민재와 나리는 속으로 매우 싫었지만 수행평가라 어쩔 수 없이 연습을 하기로 한다. 그러나 연습 첫날부터 둘은 충돌하게 된다. 민재가 "이 노래 어때?"라고 물어보지만 나리는 묵묵부답이다. 핸드폰만 만지고 있는 나리에게 민재는 자신이 부르고 싶은 곡 가사를 던져주며 연습해오라고 한다.

둘째 날, 민재와 나리는 처음으로 호흡을 맞춰본다. 생각보다 잘 맞는 호흡. 민재와 나리는 서로 노래가 끝나고 자신들도 모르게 웃다가 서로의 얼굴을 보고 정색을 한다.

그렇게 5일이 지나고 민재와 나리는 "연습했어?", "오늘은 ○시에 연습하자." 등 간단한 대화 정도는 하는 사이가 되었다.

민재에게는 열세 살 되는 여동생이 있다. 민재의 부모님은 항상 민재에게는 엄격하게 대하고, 여동생은 애지중지하셨다. 어렸을 때 여동생과 차별을 받은 민재는 여자를 싫어하게 되었다. 반면, 나리는 무남독녀라 애지중지 키워지며 어렸을 때부터 부모님으로부터 남자와 놀면 안 된다고 교육하셔서서 어릴 적부터 남자를 멀리했다.

어린 시절을 회상하며 나리의 뒤에서 걷던 민재는 어느덧 음악실에 도착한다. 민재는 무작정 나리에게 가서 "아까 너랑 너희 아버지 봤어."라며 나리에게 말을 건다. 나리는 그런 민재에게 화가 나서 음악실을 나가려 한다. 이런 나리를 붙잡아서 같이 음악 수행평가 연습을 하자고 민재는 말한다.

민재의 말에 다시 음악실 의자에 앉은 나리. 한참 동안 말이 없다 결국 연습을 한다. 다음 날 둘은 수행평가를 봤고 만점을 맞았다. 그리고 며칠 후 친구들의 타박을 받으며 "왜 이성하고 안 논다더니 노냐?" 하는 등의 말을 듣는다. 하지만 결국 둘은 친구 사이가 된다. 그들의 이성 콤플렉스는 점점 사라지고 있었다.

시놉시스 세분화하기

시놉시스를 세분화하는 이유는 학생들이 시놉시스에서 바로 시나리오를 쓰는 것이 어렵기 때문이다. 대략적인 줄거리인 시놉시스가 한 편의 시나리오가 되기 위해서는 인물이 구체적으로 만들어져야 하고, 일이 벌어지는 장소가 구체화되어야 하며, 구체적인 사건도 있어야 한다. '뭐 이런 시나리오가 있어?' 했던 것이 멋진 영화로 만들어지는 경우도 있으나, 일반적으로 학생들은 시나리오를 잘써도 영화로 만드는 과정에서 시나리오보다 못하게 나오기도 한다. 그래서 학생들에게 체계적으로 한 단계씩 주면서 본인들이 막연하게 생각했던 것들을 구체화하도록 하는 것이다.

이야기를 영상으로 만든 것이 영화이므로 이야기가 갖추어야 할 요소가 있다. 인물과 사건, 갈등, 배경 등이 그 요소인데, 이것들에게 구체성과 진실성을 부여하기 위한 단계이다.

일단 시놉시스를 처음-중간-끝으로 구분하게 한다. 소설에서는 '발단-전개-절정-결말'의 네 단계를 말하지만, 이 구분들이 모호한 경우가 많다. 그래서 '어떤 일이 일어나서, 전개되면서, 해결의 과정을 거쳐 끝난다'의 세 단계로 구분하도록 하고, 구분하는 과정에서 시놉시스에서 부족한 것이 있으면 보완하도록 한다.

처음 단계는 인물이 등장하고 그 인물이 해결해야 할 사건이 나타난다. 사건이 명확하게 나타날 수도 있지만 그 인물이 어떤 사건을 안고 있을 수도 있다. 그래서 영화에서 인물이 중요하다. 왜냐하면 어떤 인물이냐에 따라 사건에 따른 해결 방법이 다르기 때문이다. 어떤 인물인지를 구체적으로 정해야 하고, 사건이 일어나기 위해서는 배경도 필요하다.

중간은 처음 단계에서 설정한 '해결해야 할 사건'이 진행된다. 단순히 진행되는 것이 아니라 그 과정에서 '갈등'이 벌어진다. 이 갈등은 사람과의 갈등일 수도 있고, 법률이나 관습, 제도, 환경 같은 것일 수도 있다. 이 갈등을 해결하는 과정에서 지금까지 전개와 다르게 일을 진행시키면서 끝으로 갈 수 있도록 해결의 실마리를 만든다. 해결의 실마리가 없이 끝이 나면 영화가 황당한 결말을 맺게 된다. 갈등을 해결하는 과정에서도 인물의 성격에 따라 해결하는 방법이 달라지고, 갈등의 양상도 달라진다. 그래서 아이템을 정할 때

'어떤 인물'인지가 중요하다.

끝은 중간 부분에서 벌어진 갈등이 절정으로 치닫다가 결정적인 실마리가 나타나 갈등이 해결되면서 끝이 나도록 하면 된다. 결정적인 실마리 없이 사건이 해결되면 영화의 끝이 이상하고 말이 안 된다. 처음에 시작된 사건이 해결이 되면서 끝나야 한다.

학생들은 글을 쓰는 것을 어려워하는데, 대충 써도 된다고 안심을 시키면서 글을 쓰도록 해야 한다. 그동안 했던 학교 교육의 부정적인 결과가 학생들이 글을 쓰는 걸 두려워하게 만든 것인데, 영화를 만드는 동안 쓰는 글은 정말 '언제든지 엎을 수' 있는 글이다. 그리고 '엎는다' 해도 바로 다시 새롭게 써서 만들 수 있는 글이다. 그러므로 대충대충 쓰고, 나중에 수정 보완하면 되므로 두려워 말고 쓸 수 있도록 격려하는 것이 중요하다.

다음은 활동지의 예이다. 이 활동지를 참고하면서, 자신들의 시놉시스를 세분화하게 한다.

창의융합 프로젝트	반	번호		이름		영화 활동지 6
주제 : 영화로 세상을 만나다				시놉시스 세분화하기		

※ 이 시간의 활동은 '시놉시스 세분화하기'입니다.

★★★ 세 부분으로 나누는 방법

▶ 처음에는 <u>영화의 배경과 주요 등장인물</u>이 나와야 합니다. 인물이 나온 후 인물이 이 영화를 통해 해결해야 할 사건이 시작됩니다.

    (예) 이성에게 콤플렉스를 가진 민재가 학기 초 나리와 짝꿍이 되고, 듀엣곡 수 행평가를 봐야 하는 사건이 발생한다.

▶ 중간에는 사건을 해결하는 <u>이야기</u>를 씁니다. 이때 이 사건 때문에 다른 사람(환경, 법률, 제도 등)과 갈등이 벌어지고, 이 갈등을 해결하는 과정에서 사건이 앞에서와 다른 방향으로 진행됩니다. 이렇게 진행되는 사건은 영화의 끝을 향해가며 해결의 실마리 가 됩니다.

    (예) 음악 수행평가 연습 첫날부터 둘은 충돌한다. 민재는 부부싸움을 하다 집을 나간 엄마로 인해 여자를 싫어한다. 나리는 남보다 못한 아빠와 남동생으로 인 해 남자를 싫어한다. 둘이 이런 아픔을 가졌기에 연습이 순조롭게 진행되지 않 는다. 나리와 연습하러 가는 도중 민재는 길에서 나리와 나리의 아빠 모습을 보 게 된다.

▶ 끝은 중간의 끝부분쯤에 주어진 해결의 실마리를 바탕으로 절정으로 치닫습니다. 절정에서 결정적 실마리가 나타나 갈등이 해결되면서 영화가 끝납니다.

    (예) 연습을 하기 위해 만난 민재가 나리에게 "아빠를 봤다."고 말한다. 그 말을 들은 나리는 화를 내며 음악실을 나가려 한다. 나가려는 나리를 민재가 잡고 수 행평가 연습을 한다. 그 결과 음악 수행평가에서 둘은 만점을 맞는다. 그리고 둘 은 이성에 대한 나쁜 감정을 극복하고 사이좋은 친구가 된다. 엔딩.

▶ 지금부터는 영화를 찍는 것을 염두에 두어야 합니다. 우리는 돈이 없는 학생입니다. 무한한 상상력을 동원해서 영화 역사상 길이 남을 영화를 찍을 수도 있지만, 그건 생 각처럼 쉬운 일이 아니므로, 정말로 찍을 수 있는 장면인지를 고민하며 써야 합니다.

인물 구체화하기

영화에는 중심 인물과 주변 인물이 등장한다. 아이템을 잡을 때 '어떤 인물'인지에 대한 고민을 했고, 시놉시스를 쓸 때도 '그 인물'이 사건에 대해 반응하고 해결하게 만들었다. 그러나 이것으로는 머릿속에서 딱 하고 떠오르는 상이 없다. 예를 들어, 자신에게 권수라는 친구가 있다고 가정하자. 그 친구를 상상하면 겉모습도 떠오르고, 웃는 표정이나 말투가 떠오른다. 그 친구는 길을 가다 싸움하는 사람을 보면 "우짜 저리 길에서 싸우노? 창피스럽구로! 빨리 지나가자."라고 말할 것이다. 같이 식당에 가면 "니 뭐 무울래? 나는 니가 좋다는 거 무으께."라고 말할 것이다. 이렇게 내가 아는 친구처럼 영화에 등장하는 인물도 그 인물이 가진 성격, 취향, 패션, 말투 및 어떤 일을 만났을 때 대응하는 방식 등 남들과 다른 개성이 있다. 그래서 영화에서 등장하는 인물을 '캐릭터'라고 한다. 이런 '캐릭터'를 만드는 작업이 인물 구체화하기이다.

시놉시스에 등장했던 인물을 꺼내어 실제 존재하는 사람처럼 구체화시키는 작업이다. 먼저 대충 그 인물에 대해 외모부터 성격까지 서술해본다. 그리고 면접을 보는 것처럼 질문을 통해 캐릭터를 만들면 어느덧 살아 움직일 것 같은 인물이 탄생할 것이다. 이 인물은 나중에 시나리오 작업이나 영화를 찍는 상황을 통해 많은 변모를 거칠 수도 있지만 일단 인물이 만들어지면 그 인물에 의해 시나리오가 달라질 수도 있다. 그만큼 영화는 캐릭터를 만드는 일이 중요하다. 가끔 영화감독들이 "배우 ○○○을 염두에 두고 시나리오를 썼다."라는 말을 하는 게 바로 이런 이유에서일 것이다. 그런 인물이라면 이런 상황에서 이렇게 행동할 것이고, 그 행동은 또 다른 사건을 만들기 때문이다.

학생들은 인물을 구체화할 때 보통 자기 모둠에서 주인공을 맡은 사람의 이름을 그대로 쓰면서, 그 인물의 캐릭터를 그대로 사용하기도 한다. 그러다가 주인공을 맡은 친구가 영화를 찍지 않겠다고 하며 갈등을 일으키기도 한다. 영화와 현실을 혼동하고, 자신의 이미지가 영화에 왜곡되어 투영되는 것을 받아들이기 어렵기 때문이다. 이런 갈등을 겪으며 결국 픽션을 이해하고, 소설이나 연극과 같은 문학을 이해하게 된다. 픽션은 현실을 바탕으로 하며, 그 속에서 가공의 사건을 만들고 그것의 해결을 통해 현실의 모순과 부조리한 삶에 대한 나의 생각을 사람들에게 말하는 좋은 방식이라는 것을 깨닫는다. 이것이야말로 문학작품에 대한 깊이 있는 이해이며, 단지 교과서의 소설이나 희곡, 시나리오만으로 얻을 수 없는 배움이다.

학생들은 영화를 만들면서 예술의 효용성이 화장실의 낙서나 인터넷의 악성 댓글보다 훨씬 강력하면서, 대중적이고, 품위 있으며, 재미있는 예술적 표현 방식임을 알고 자신의 고민을 영화에 담기 시작한다. 그래서 학생들이 만든 영화에는 그들의 아픔과 고민이 절절히 배어 있다. 그러나 아이들은 결코 무겁게 말을 건네지 않는다. 스쳐가듯 가볍게 말하지만, 가만히 들여다보면 아픔과 고민에서 빠져나오고 싶은 그들의 아우성이 스며 있다. 영화 작업을 끝내면 아이들이 부쩍 자라 있는 이유도 아픔과 고민을 객관화시켜 통과했기 때문이 아닐까 하고 생각한다. 캐릭터를 구체화할 때 하면 좋을 질문들은 '내가 어떤 사람과 만나 친해지고 싶을 때 묻고 싶은 질문' 정도면 되겠다. 예를 들면 이런 것들이다.

"어디 살고 있나?", "몇 살인가?", "성별은 무엇인가?", "무엇을 좋아하는가?", "부모님은 계시고 무엇을 하시는 분인가?", "가족은 어떤 구성이며, 어떤 집에 사는가?", "성격은 어떻고 외모는 어떤가?", "가족과의 관계는 어떠한가?", "무엇을 하는 사람인가?"

그러나 실제로 학생들은 캐릭터에 대한 큰 고민 없이 자신들의 모둠에 있는 친구를 여주(여자 주인공)와 남주(남자 주인공)로, 다른 친구들을 주변 인물로 정한다. 그들의 캐릭터로 시나리오를 쓰기 때문에 인물 구체화하기 작업은 활동지에 있는 질문에 쉽게 답하는 형식으로 지나간다. 그래서 이 활동은 10분도 안 돼 끝나는 경우가 많다.

이렇게 되면 시나리오는 밋밋해진다. 자신, 혹은 친구가 캐릭터이기에 사건에 대처할 때 너무나도 착하게 아무 일 없이 진행된다. 그러다가 이게 아니다 싶어 시나리오를 고치려고 하면 캐릭터에 분열이 일어난다. "이런 나쁜 캐릭터라면 나는 안 하겠다."는 친구와 "이건 영화일 뿐!"이라고 주장하는 아이들. 아이들이 서로 싸우면서 안 한다고 할 때 교사는 달래주고 격려하며 "이건 영화일 뿐 네가 아니야."라고 말해주어야 한다. 반에서 따돌림을 당하는 아이에게 여주나 남주를 주고 그 캐릭터를 그대로 사용하는 모둠 학생들도 있다. 이때도 교사는 학생들을 달래면서 모둠 친구들에게 영화의 주제를 언급하며 방향을 제시해야 한다. 이런 과정을 거치면서 아이들은 자신들의 행동을 반성하며 그것이 주제로 제시되기도 한다.

다음은 활동지의 예이다.

창의융합 프로젝트	반	번호		이름		영화 활동지 7
주제 : 영화로 세상을 만나다				인물 구체화하기		

※ 이 시간의 활동은 '인물 구체화하기'입니다.

세분화한 시놉시스에서 인물을 구체화해봅시다. 여러분들의 영화에 등장하는 인물은 실제로 존재하는 사람이 아닙니다. 이 시간에는 그 인물들이 지금 살아 움직이는 사람이라고 가정하고 그 사람을 만들어봅시다. 인물에 대한 소개를 자기소개서처럼 쓴 후, 다음 질문에 답하면서 인물을 만들어봅시다.

★★★ 자기소개서의 예(《이성 콤플렉스》의 두 주인공)

나는 김민재다. 중학교 2학년이고 남자아이다. 집에서는 아빠랑 둘이 사는데, 엄마는 내가 초등학교 6학년 때 아빠랑 크게 싸우고 나가셔서 아직까지 소식이 없다. 엄마랑 아빠는 나 때문에 자주 싸우셨는데, 엄마가 나가는 그날도 나 때문에 싸우셨다. 나는 잠결에 엄마랑 아빠가 싸우는 소리를 듣고 깼는데 차마 일어날 수 없어서 그날 싸우는 소리를 다 듣고 말았다. 엄마는 우시면서 잠든 척하는 나에게 쪽지를 쥐어주고 집을 나가셨다. 나는 집을 나간 엄마가 밉다. 너무 보고 싶어서 울다 잠든 적도 많다. 친구들이 엄마가 없는 것을 알까 봐 집에 친구를 데려오지 않고, 되도록 집 이야기를 하지 않는다. 그래서 그런지 여자애들이 어색하고 어렵다.

나는 이나리이다. 중학교 2학년 여자아이다. 엄마, 아빠, 남동생, 나 이렇게 네 식구다. 우리 집은 아파트이고 보통 집처럼 가난하지도 않고 부자도 아니다. 나는 엄마랑은 사이가 좋은데 아빠와 남동생과는 좋지 않다. 아빠는 가끔 술을 먹고 집에 들어와서 라면을 끓여 텔레비전을 크게 틀어놓고 보면서 드신다. 그럴 때 자는 동생과 나를 깨워 잔소리를 시작한다. 맨날 같은 잔소리다. 공부 열심히 해라. 나는 없어서 못 배웠다. 너희들은 내가 대학까지 다 보내줄 수 있으니 공부 잘해야 한다. 듣고 있으면 짜증만 난다. 아빠 말이 귀에 들리는 것이 아니라 술냄새와 발냄새가 코를 찌르고 손톱에 낀 때가 보인다. 이런 아빠가 나는 부끄럽다. 남동생도 아빠를 닮아서 그런지 싫다. 집 안에서 뛰어다녀서 아래층에서 좀 조용히 해달라는 부탁을 들을 때마다 쥐구멍에 들어가고 싶다. 집을 나가서 혼자 살고 싶을 때도 있다. 그래서 그런지 나는 학교에서 남자아이들과는 얘기도 안 하고 싶다.

1. 주인공의 이름은 무엇인가?

2. 주인공은 몇 살인가?

3. 주인공의 외모는 어떤가?

4. 주인공은 어떤 성격의 소유자인가?

5. 가족관계는 어떻고, 가족과 사이는 어떤가?

6. 주인공은 어떤 친구들이 있는가?

7. 주인공의 취미는 무엇인가?

8. 주인공은 어떤 옷들을 주로 입는가?

9. 주인공이 잘하는 것은 무엇인가?

10. 주인공이 요즘 고민하는 것은 무엇인가?

위의 예시와 질문들을 바탕으로 영화의 주인공에 대해 자기소개서를 써봅시다.

신(scene) 구분하기

시놉시스를 세분화했더라도 바로 시나리오로 넘어가기는 쉽지 않다. 그래서 그 중간 단계로 신(scene)을 구분한다. 신은 영화에서 '장면'이라고 하는데, 'S#' 표시를 쓰고, 그 옆에 장면 번호를 넣는다. 신을 구분할 때 기준은 '장소'와 '장면'이다. 장소가 바뀌면 신이 바뀌고 같은 장소라도 시간이 바뀌면 신도 바뀐다.

예를 들어, 아침에 등교하는 장면을 찍는다면 집에서부터 찍어서 교실까지 찍을 것인지, 아니면 집 앞과 교문, 교실 앞만 찍을 것인지를 정해야 한다. 집 앞과 교문만 찍는다면 신은 두 개가 된다. 장소가 교실인 경우도 조회 시간과 종례 시간이라면 이것도 신이 두 개가 된다. 시놉시스를 장면에 따라 쭉 나누면 신 리스트가 되는데, 이렇게 정리한 신 리스트에 대사와 지문을 넣으면 시나리오가 된다.

신을 구분하면서 시놉시스에서 생각하지 못했던, 어떻게 찍고, 어디에서부터 시작으로 할 것인지에 대한 고민이 시작된다. 이 작업에서 신을 어디에서, 어느 시간에 촬영해야 하는지 결정해야 하기에 영화를 만드는 작업을 현실적으로 생각해야 한다. 지나치게 신이 많으면 촬영 기간이 길어지고, 지나치게 적으면 이야기 구성이 허술하다.

학교 밖 장면이 너무 많거나 시간대가 밤이나 저녁이 많으면 수업 시간에 촬영할 때 다른 모둠을 도와주거나 구경하는 경우가 많으므로 장소는 되도록 학교와 그 주변, 시간대는 낮으로 하는 것이 좋다. 호러물을 찍고 싶어 하는 모둠들이 나올 때도 이런 점을 알려주고, 밤에 함께 모여서 작업할 수 있는지 서로 확인한 후 신 구분 작업을 하도록 한다.

다음은 활동지의 예시다.

※ 이 시간의 활동은 신(scene) 리스트 작성입니다.

신이란 영화의 장면을 말합니다. 신은 장소와 시간으로 구분합니다. 영화에서 '신'은 'S#'으로 표시하고 그 옆에 번호를 붙입니다. 시나리오를 쓰기 전에 신을 먼저 나누어야 합니다. **신은 장소와 시간에 따라 구분되기 때문에 같은 장소라고 하더라도 시간대가 달라지면, 혹은 같은 시간대여도 장소가 달라지면 신을 나눕니다.** 나눈 신을 쭉 정리하면 이것이 바로 '신 리스트'입니다. '신 리스트'에 대사와 지문을 넣으면 시나리오가 됩니다.

★★★ 신 구분하는 방법
* 시놉시스를 '처음-중간-끝'으로 세분화한 것을 바탕으로 합니다.
* 각 장에 필요한 '신'(장면)을 씁니다. '신'에는 **장소와 시간대, 주요 등장인물, 장면의 내용**을 적습니다. 장면들을 살펴보고 필요한 경우 순서를 다시 잡습니다. 장면을 다 만들었다 생각되면 신 번호를 붙입니다.

★★★ 신 리스트 예(영화 〈이성 콤플렉스〉)
S#1. 학교 앞/ 아침
민재와 나리.
등굣길에서 만남.

S#2. 교실/ 아침
민재와 나리.
짝꿍이 됨. 서로에게 관심이 없음. 대화하지 않음.

S#3. 교실/ 낮
민재와 나리.
수행평가 안내문을 봄. 나리, 짜증을 냄.
민재, 노래를 잘하기에 좋아하다가 짝꿍과 함께 불러야 한다는 조건을 보고 싫어함.

시나리오 쓰기

작성된 신 리스트에 대사와 지문을 넣으면 시나리오가 된다. 지문은 '상황 지문'과 '행동 지문'이 있다. 상황 지문은 어떤 장면의 상황을 설명하는 것으로 대부분 장면 번호 아래에 오고 행동 지문은 인물의 행동, 표정 등을 설명하는 것으로 대사 앞에 온다.

학생들에게 시나리오를 쓰라고 하면 상황을 설명하듯이 쓴다. 영화는 보여주는 예술이다. 설명 대신 '어떻게' 보여줄 것인가에 맞추어 쓰게 해야 한다. 예를 들어, 선생님에게 야단을 맞는 장면이 있다고 가정하자. 학생들은 '민수가 교무실에서 선생님께 야단맞고 있다.'라고 쓴다. 그러나 이 부분을 어떻게 보여줄 것인지를 생각하면 다음의 예시 a와 b처럼 다양한 방법으로 표현할 수 있다.

〈a〉

자리에서 일어나서 민수를 내려다본다. 화난 얼굴을 하고 있는 선생님.

선생님 : (손가락으로 민수를 가리키며) 저번에도 똑같은 일 있지 않았니?

〈b〉

선생님 자리에 앉아 있다. 민수 천천히 다가간다. 고개를 숙인다. 선생님
은 모르는 척 컴퓨터만 한다.

민수 : (머리를 긁적이며) 선생님….

즉, 영화에서 이 장면을 '어떻게' 보여줄 것인지를 생각하며 써야
한다. a는 민수라는 인물에게 초점을 맞췄다면 b는 학생에게 관심
없는 선생님에게 있다. 인물의 감정을 이야기할 때도 직접적으로
설명하지 않는다. '슬프다', '기쁘다'로 표현하는 것이 아니라 어떻게
관객에게 그 감정을 보여줄 것인가로 접근해야 한다. 예를 들면, '친
구가 오해해서 기분이 나빴다.'가 아니라, '두 친구의 대화를 엿들은
민수, 슬그머니 자리에서 일어선다. 주먹을 꽉 쥔다.'처럼 기분 나쁜
장면을 어떻게 구체적으로 보여줄 것인가를 생각하며 써야 한다.

대부분 학생들은 처음부터 완벽한 시나리오를 쓰려고 시간을 끈
다. 영화 제작을 실제로 해보면 처음 썼던 시나리오가 그대로 가는
경우는 절대로 없다. 처음 쓴 시나리오를 다 버리고 다시 쓰는 경우
부터, 영화를 찍는 도중 종이가 너덜너덜해질 때까지 고치기도 한

다. 고쳐야 하는 이유는 다양하다. 배우 캐스팅이 잘 안 되었거나, 장소 섭외에 실패해서 다른 장소로 변경한다거나, 영화를 찍다 보니 시나리오가 이상하다거나, 사건 전개가 말이 안 된다거나 하는 등 이유는 100가지도 넘는다. 그렇기 때문에 처음부터 시나리오를 완벽하게 쓰려고 하지 말고 대충 써도 된다고 일러줘야 한다. 진짜 아무렇게나 쓰라는 말은 아니다. 생각이 안 나면 그 부분은 넘어가면서 주어진 시간 안에 쓸 수 있도록 격려해주자. 잘 쓰지 않아도 된다고, 영화를 찍으면서 계속 수정하면 된다고 말해주면 학생들이 글쓰기에 대한 두려움을 조금은 떨칠 수 있다.

영화는 내가 하고 싶은 이야기를 영상을 통해 보여주는 활동이다. 따라서 시나리오 안에는 말하고자 하는 이야기, 즉 주제가 들어 있어야 한다. 주제가 무엇이며, 어떻게 보여줄 것인지 고민하면서 쓰도록 지도하자. 가끔 "주제가 없는 영화는 없나요?"라며 질문하는 아이들이 있다. 아침에 일어나서 밥 먹고 학교에 갔다가 집에 와서 자는 단순한 이야기 속에도 주제를 담을 수 있다. 가령, 아침에 밥을 먹는데 뉴스에서 대학생이 '안녕하십니까?'라는 대자보를 써 붙여 잔잔한 감동을 줬다는 뉴스를 들었다. 학교에 와 영화 제작 프로젝트를 하는데 친구들은 나한테 프로젝트를 맡기고 장난만 친다. 선생님은 우리 모둠에 진전이 없는 것을 보고 나를 불러 "믿었던 너에게 실망이 크다."라고 말씀하신다. 나는 혼자 열심히 해보려고 하지만 혼자서는 잘할 수 없다. 집으로 돌아가는 학교 중앙 현관에 '더불어 행복한 공동체'라고 써 있다. 나는 학교를 나가며 '우리가 정말 더불어 행복한 공동체인가?'를 반문한다.

이 이야기는 하루 동안 일어난 일이다. 밥 먹고 학교 갔다 온다는 평범한 일상이지만 자신이 말하고 싶은 주제를 학교에서 흔히 일어날 수 있는 이야기로 만들면서 관객에게 생각할 거리를 던진 것이다.

주제는 특별하고 거창한 것이 아니다. 내가 평소 생각하거나 경험했던 일에서 얻은 깨달음을 영화에 담으면 된다. 실제로 영화 제작을 하다 보면 학생들의 경험이 영화에 담긴다. 그 경험은 다른 사람에게는 말하지 못했던 아픔, 슬픔, 괴로움이고 지금까지도 그 트라우마에서 벗어나지 못한 경우가 많다. 이런 것들이 영화라는 매체를 통해 생생히 표현되고, 이를 통해 아이들은 자신의 트라우마를 객관화시켜 바라보는 기회를 갖는다. 그 상처가 남의 것인 듯 관객들에게 보여주고 공감을 받으며 자신의 트라우마를 뛰어넘어 훌쩍 성장한다. 실로 영화는 아이들에게 배설 행위의 예술적 승화로 참으로 좋은 매체라는 것을 깨닫는다.

다음은 활동지의 예이다. 이 활동지는 시나리오를 쓰는 데 도움이 되는 참고용 활동지를 주고, 그것을 보면서 신 리스트에 대사와 지문을 입혀 시나리오를 쓰도록 유도한 것이다.

창의융합 프로젝트	반	번호		이름		영화 활동지 9
주제 : 영화로 세상을 만나다				시니라오 쓰기		

※ 이 시간의 **활동**은 '**시나리오 쓰기**'입니다.

지난 시간에 '신 리스트'를 작성했지요? '신 리스트'에 대사와 지문을 넣어 쓰면 시나리오가 됩니다. 빨리 쓰고 싶지요? 그러나 여기서 잠깐!! 빨리 쓰고 싶은 마음을 잠시 접고, 먼저 시나리오를 쓰는 방법을 알아보도록 합시다. 오늘 잘 배워야 좋은 시나리오를 쓸 수 있고, 시나리오가 좋아야 좋은 영화가 나올 수 있습니다.

★★★ **시나리오 쓰는 방법**

① 대부분 시나리오는 '신 제목+지문+대사' 순서로 씁니다. 신 제목에는 반드시 '신 번호'와 '장소', '시간대'가 들어가야 합니다. 촬영을 계획할 때 이것을 보면서 하기 때문입니다. 지문에는 '상황 지문'과 '행동 지문'이 있습니다.

(예) *S#2. 가게 안/ 낮* → 신 제목

한산한 분식집

> 한쪽에 아빠와 혜미가 테이블을 사이에 두고 앉아 있다.
> 아빠 옆자리에는 쇼핑백이 놓여 있다. 핸드폰을 만지작거리는 혜미.
> 물을 들이켜는 아빠.

↑
상황 지시문

아빠 : 별일 없었어?

혜미 : (핸드폰에서 눈을 떼고 아빠를 흘긋 보며) 응.

아빠 : 그래? 학교는 잘 다녀?

혜미 : 잘 다녀. (다시 핸드폰으로 눈을 돌린다)

아빠 : 그래… 다행이네…. (물을 마신다)

↑
행동 지시문

② 시나리오의 문장은 짧게 쓰는 게 좋습니다. 즉, 한 문장에는 하나의 정보만 넣습니다. (예) 아빠 옆자리에는 쇼핑백이 있고, 혜미는 핸드폰을 만지작거리고 있고, 아빠는 그런 혜미를 보며 물을 마신다.(X) → 아빠 옆자리에는 쇼핑백이 놓여 있다. 핸드폰을 만지작거리는 혜미. 물을 들이켜는 아빠.(O)

③ 슬프다, 기쁘다 등의 감정을 직접적으로 이야기하지 않고 보여주는 문장으로 씁니다. (예) 아빠 때문에 화가 난다.(X) → 인상을 쓰고 아빠를 쳐다본다.(O)

④ 대사는 인물 구체화하기에서 만들어낸 인물이 실제로 사용하는 말을 써야 합니다. 소리 내어 읽어보고 자연스럽고 입에 잘 붙게 만들어야 합니다.

⑤ 장면의 시작을 어디에서부터 할 것인지를 생각하고 써야 합니다. 등교하는 장면이 라면 집에서 출발하는 부분부터 할 것인지, 교문 앞부터 할 것인지 정하고 씁니다. 장면을 다 보여주면 영화가 지루해지므로 끊어서 보여줍니다. 〈이성 콤플렉스〉의 경우 등교 장면을 다 보여주지 않고, 학생들이 등교하는 장면, 민재와 나리가 등굣 길에서 만난 장면, 교실 장면 등 중요한 부분을 끊어서 보여주었습니다.

⑥ 영화는 결국 눈으로 보는 것입니다. 그러므로 대사보다는 시각적 이미지로 보여주 어야 합니다. 사건을 대화로 다 정리하는 것은 망할 징조입니다. 또한 상황에 대해 말로 설명하는 것도 지루한 영화를 만드는 지름길입니다. 말로 설명하거나 대사로 알리지 말고, 표정이나 행동으로 바꾼다든지, 눈으로 보여주는 상징성를 최대한 이 용해야 합니다.

· 〈이성 콤플렉스〉에서 민재가 어린 시절을 이야기하는 부분을 스케치북을 이용해서 삽입한 부분. 여기를 과거 회상으로 연기했다면 오히려 영화의 예술성을 잃었을지도 모릅니다.
· 〈비가 내리고 난 뒤〉에서 마지막 컷을 흑백으로 어린 시절 웃는 얼굴로 처리한 것. 여기를 둘이 사이좋게 지내고 행복해졌다는 장면으로 넣었다면 영화는 구질구질해졌을 것입니다. 관 객의 상상력을 자극할 수 있는 상징성을 이용하는 것. 바로 영화를 예술적으로 승화시키는 것입니다.

⑦ **제작 가능성을 생각해야 합니다.** ★우리는 돈이 없는 학생입니다. 촬영이 가능한 가? 그것을 대체할 만한 다른 설정이나 장소는 없는가? 등등 돈이 안 드는 상상력 을 최대한 이용해야 합니다. 백 번 듣는 것보다 한 번 보는 게 훨씬 낫습니다. 지금 부터 직접 보도록 합시다~!!

처음의 날(ver.14)

혜미 : 열다섯 살. 엄마, 아빠가 이혼을 한 상태. 그 덕에 엄마랑만 살고 있지만 엄마가 일이 바빠 집에서 혼자 살다시피 한다. 다가오려는 아빠를 거부하고, 만나기로 한 날 매번 늦는 아빠를 달갑지 않게, 불만스럽게 여긴다. 짜증을 잘 내고 약간 까탈스러운 면모를 보이지만 평범한 여중생이다.

아빠 : 마흔세 살. 아내와 이혼하고 혼자 살고 있다. 평소에 자주 만나지 못하는 혜미 (딸)를 챙겨주려고 노력하지만 거부당하곤 한다. 혜미에게 자상한 아빠지만 눈치가 없어서 혜미가 원하는 것을 눈치 채지 못하고, 매번 한 발짝씩 늦는다.

S#1. 집 안/ 낮

어질러진 방 안. 책가방이 바닥에 떨어져 있고, 교복이 침대 위에 널려 있다. 머리를 하나로 묶고 있는 혜미. 거울을 한 번 본다. 자신의 모습을 보고는 뒤돌아 나가려는 혜미. 순간 멈추고 배를 잡는다. 배가 아픈지 얼굴을 찌푸리는 혜미. 기침을 하고, 몸을 으슬으슬 떤다. 방 안을 두리번거리다 하얀 카디건을 발견, 카디건을 드는 혜미. 카디건을 입으면서 방을 나간다.

S#2. 가게 안/ 낮

한산한 분식집. 한쪽에 아빠와 혜미가 테이블을 사이에 두고 앉아 있다. 아빠 옆자리에는 쇼핑백이 놓여 있다. 핸드폰을 만지작거리는 혜미. 물을 들이켜는 아빠.

아빠 : 별일 없었어?

혜미 : (핸드폰에서 눈을 떼고 아빠를 흘깃 보며) 응.

아빠 : 그래?…학교는 잘 다녀?

혜미 : 잘 다녀. (다시 핸드폰으로 눈을 돌린다)

아빠 : 그래…다행이네….(물을 마신다)

아빠는 살짝 한숨을 쉬며 머리를 긁적인다. 아빠는 옆자리에 놓인 쇼핑백을 본다. 쇼핑백 안에 들어 있는 박스. 아빠는 혜미를 봤다가 다시 쇼핑백을 본다. 살짝 웃음 짓는 아빠. 그런 아빠를 보는 혜미.

혜미 : 뭐야, 그거?

아빠 : 응? 아~ 이거? 큼. (혜미에게 쇼핑백을 내밀며) 한정판이라고 하더라. 너 옛날에 바비인형 막 사달라고 조르고 그랬잖아, 그래서….

혜미 : (아빠를 보며 말을 자르고) 됐어. 내가 무슨 어린애야?

당황하는 아빠. 인상을 찌푸리고 아빠를 쳐다보는 혜미.

아주머니 : 음식 나왔습니다.

벌떡 일어나는 혜미. 음식이 나온 곳으로 향한다.
걸어가는 혜미를 보는 아빠. 한숨을 쉬며 쇼핑백을 바라본다.

S#3. 음식 가판대 앞/ 낮

나온 떡볶이를 들고 가려는 혜미. 붉은색의 떡볶이가 혜미의 눈에 들어온다. 배가 아파오는 혜미. 배를 감싸고 얼굴을 찌푸리는 혜미. 혜미가 손을 떼자 뚝- 떨어지는 떡볶이 국물. 그러다 그릇을 내려놓고 급히 밖으로 나간다.

S#4. 화장실/ 낮

화장실 칸 안. 수도꼭지에서 물이 뚝뚝 떨어지는 소리가 들린다. 고개를 떨구고 있는 혜미. 멍하니 있다가 당황하는 혜미. 호주머니를 뒤진다. 핸드폰을 꺼내드는 혜미. 엄마에게 전화를 건다.

엄마 : 여보세요?

혜미 : …엄마! 있잖아….

엄마 : 있잖아, 엄마가 좀 바쁘거든? 나중에 집에 가서 보자

혜미 : 잠깐, 엄마 나 생리….

엄마 : 어, 그래. 아빠 보고, 늦지 않게 들어가.

끊어진 전화. 혜미는 핸드폰을 보다가 숨을 내뱉으며 입술을 깨문다. '엄마'라고 적힌 핸드폰 화면을 잠깐 보다가 손을 들어 두루마리 화장지를 푼다. 화장지를 풀어 피를 닦는 혜미. 손을 드니 손가락에 살짝 묻은 피. 혜미는 손으로 피를 문질러 닦는다.

S#5. 가게 안/ 낮

자신의 자리 앞에 선 혜미. 자리에 앉지 못하고 서 있는다. 아빠는 그런 혜미를 쳐다본다.

아빠 : 혜미야, 얼른 앉아서 이거 먹어봐, 되게 맛있다. 빨리 앉아.

아빠를 쳐다보는 혜미. 의자에 걸린 하얀 카디건을 손에 든다. 혜미는 천천히 조심스럽게 자리에 앉는다. 그러고는 카디건을 무릎 위에 올려놓는다. 앉은 뒤에도 자꾸만 엉덩이를 들썩거리는 혜미.

아빠 : (혜미를 보며) 식겠다, 얼른 먹자!

말 없이 있는 혜미. 이렇게 저렇게 자세를 바꾼다. 얼굴 표정을 간간히 찌그러뜨리는 혜미.

S#6. 길거리/ 낮

길거리를 걷는 혜미와 아빠. 서로 약간씩 떨어져서 걷고 있다. 어정쩡하게 걷는 혜미. 허리에 하얀 카디건을 두르고 있다. 자꾸만 치마를 털어내리는 혜미.

아빠 : 혜미야, 후식으로 아이스크림 먹을까?
혜미 : (아빠를 보며) 응?…어, 어.

S#7 편의점/ 낮

아이스크림을 계산대에 놓고 계산을 하는 아빠. 생리대가 있는 곳을 힐끔 보는 혜미.

아빠 : (아이스크림을 내밀며) 가자.
혜미 : 어… 나 잠깐 살 게 있어서 아빠 먼저 나가.
아빠 : 뭐 사야 되는데? (지갑을 여는 아빠)
혜미 : 됐어, 그냥 먼저 나가!

아빠를 밀어내는 혜미. 떠밀려 나가는 아빠. 혜미, 가게 밖으로 나간 아빠를 한 번 쳐다보고 계산대 앞에 선다. 혜미를 쳐다보는 남자 직원.

혜미 : (남자 직원을 봤다 말았다 하며) 저…그게….
직원 : 뭐 찾으세요?
혜미 : 아…그게 (고개를 저으며) 아니에요.

몸을 휙 돌아 나오는 혜미. 한숨을 쉰다.

S#8. 길거리/ 낮
길을 걷는 아빠와 혜미. 혜미는 약간 인상을 쓰고 있다. 시계를 보는 아빠.

혜미 : (눈동자를 돌리며) 아빠…오늘은 보지 말자.
아빠 : 왜? 너 이민기 좋아하잖아. 별점도 좋고, 보러 가자.

혜미 : (인상을 찌푸리고) 안 갈래.
아빠 : 아까 인형 때문에 그래? 미안, 아빠가 착각했어. 앞으론….
혜미 : 됐어, 안 간다고.
아빠 : 보러 가자….
혜미 : (말 자르며) 안 간다고!!
아빠 : (소리치는 혜미를 바라본다)
혜미 : (인상을 쓴 채) 집에 갈래.
아빠 : 잠깐, 혜미야….

앞서 걸어가 버리는 혜미. 아빠는 혜미를 뒤따라간다.

아빠 : (혜미를 붙잡으며) 혜미야, 미안하다니까. 그니까 보러 가자.
혜미 : (말없이 앞만 보고 걷는다)
아빠 : 혜미야…그럼, 갈 거면 아빠가 데려다줄게. 같이 가자, 응?

빠르게 걷는 혜미. 뒤따라가는 아빠. 아빠 눈에 혜미 카디건에 묻은 붉은 자국이 보인다.

아빠 : (먼저 가는 혜미를 툭 치면서 슬쩍 장난을 걸듯이) 혜미야, 봐봐. 너 뒤에 떡볶이 국물 묻었다!

혜미 : (허리에 두른 카디건을 보고서) …정말 왜 그래!! 정말…진짜…그딴 인형이나 챙겨주면 다야?!!

가버리는 혜미. 빠르게 걸어가버린다.

아빠 : (혜미를 따라가며) 혜, 혜미야!
혜미 : 됐어, 나 혼자 집에 갈 거야!!

혜미는 소리치고는 빠르게 걸어가버린다.
아빠는 혜미의 뒤통수만 멍하니 바라본다.

S#9. 편의점 안/ 낮
편의점 계산대 앞에 선 혜미.

여자 직원 : (목소리만) 뭐 찾으세요?
혜미 : 저…생리대 있어요?
여자 직원 : (목소리만) 생리대 어떤 거요?
혜미 : 네? 아…그냥 아무거나….
여자 직원 : 뭐 쓰시던 거 없으세요? 사이즈랑 종류랑 이름 알려주시면….
혜미 : 저…제가 처음이라….

S#10 집 앞/ 낮
집 앞에 다다른 혜미. 한쪽 손에 검은 봉지를 들고 있다. 혜미의 눈에 집 앞에 서 있는 아빠가 보인다. 혜미를 발견하는 아빠. 혜미는 잠시 멈칫하고 아빠를 본다. 다시 걸어가는 혜미.

아빠 : 혜, 혜미야.

아빠를 지나쳐 가려는 혜미. 아빠가 혜미를 붙잡는다.

아빠 : 잠깐만 혜미야….

뒤돌아 아빠를 보는 혜미. 아빠는 혜미를 붙잡은 손을 떼고 주머니에서 무언가를 꺼낸다. 혜미에게 손을 내미는 아빠. 아빠의 손에는 꽃과 생리대가 쥐어져 있다. 혜미는 아빠의 손을 멍하니 바라본다.

아빠 : 이거. 축하한다.

순간 미간을 찌푸리며 화난 얼굴을 하는 혜미.

혜미 : (아빠에게 소리치며) 아빠는 왜 맨날 이런 식이야!! 이제 와서 이런다고 내가 기뻐해?!! 이미… 이미, 다 늦었다고!!…

몸을 돌려 현관 안으로 걸어 들어가는 혜미. 아빠는 멍하니 혜미의 뒷모습만 바라본다. 혜미가 현관으로 들어가고 현관문이 닫힌다.

S#11. 아파트 안/ 낮
〈2층〉
계단을 오르는 혜미. 올라가다가 창문을 본다. 창문으로 밖을 보는 혜미. 현관 앞에 서 있는 아빠가 보인다. 아빠의 모습을 잠깐 바라보는 혜미. 고개를 돌려 다시 계단을 오른다.
〈3층〉
계단에서 3층 안으로 들어온 혜미. 다시 창문 밖을 바라본다. 여전히 아파트 앞에 서 있는 조그만 아빠의 모습이 보인다. 잠깐 동안 멈춰 서서 아빠를 바라보는 혜미. 천천히 손을 올려 손가락으로 아빠의 크기를 잰다. 뻗은 손을 내려 아빠의 크기를 보는 혜미. 천천히 몸을 돌려 집으로 들어간다.

S#12. 집 안/ 저녁
정리되어 있는 방. 거울 앞으로 다가서는 혜미. 혜미는 펜을 들고 거울에 붙은 스케줄러 날짜에 표시를 한다. 그리고 표시 옆에 '처음의 날'이라고 조그맣게 적는다.

영화 제작 episode ①

'실패해보는' 경험이 중요하다

학생들이 처음 쓴 시나리오는 영화가 될까 의심스러울 정도로 작품성이 낮은 경우가 많다. 그러나 처음 쓴 시나리오로 끝까지 영화를 완성한다는 경우를 본 적은 없다. 그만큼 시나리오는 영화를 찍는 과정에서 수십 번 고쳐 쓰기를 한다. 그 이유는 상황이나 배우, 환경 등 다양하다. 앞에서 읽은 시나리오 〈처음의 날〉도 ver.14의 의미가 열네 번 고쳐 썼다는 것이 아니겠는가?

모 중학교에서 영화 수업을 진행할 때 어떤 모둠의 시나리오 내용은 대충 이런 것이었다.

'시험을 보면서 부정행위를 했고, 선생님이 그 학생에게 부모님을 모셔 오라고 했다. 학생은 고민하다가 학교 옥상에서 떨어져 죽는다.'

이 모둠 학생들은 영화를 찍다가 어느 날 내게 와서 시나리오를 다 엎고 새로 쓰겠다고 했다. 처음부터 이 모둠의 시나리오가 이상했지만, 고쳐 쓰라고 하지 않았던 터라 왜냐고 물었다. 그러자 학생들은 "컨닝해서 부모님 모셔 오라고 선생님이 말씀하신다고 옥상에 올라가서 죽는 애는 없어요."라고 대답했다. 쓸 때는 그런 생각 안 했느냐고 물었더니, 했지만 대충 하자고 생각했고 대충 했는데 영화를 찍다 보니 제대로 찍고 싶은 마음이 생겼고, 그래서 시나리오를 다 엎겠다는 것이었다. 그러라고 했다. 그 모둠은 남들이 카메라로 영화를 찍을 때 시나리오를 붙들고 끙끙댔다. 그리고 학급 상영회 날, 이 모둠의 영화를 보았다.

앞부분 부정행위를 하고, 선생님께 들키고, 부모님을 모셔 오라고 하는 것까지는 그대로였다. 그 이후부터가 달랐다. 학생은 선생님께 다음 시험까지 열심히 공부해서 평균 90점 이상으로 올릴 테니 성공하면 그전 일은 없었던 것으로 하고, 못하면 그때 부모님을 모셔 오겠다고 제안했다. 선생님은 그 제안을 받아들였고 학생은 밥 먹는 시간, 화장실 가는 시간, 등교 시간, 쉬는 시간 가리지 않고 열심히 공부했다. 그런데 막상 시험 보는 날 그렇게 공부했지만 평균 90점 이상을 받는 것은 불가능하다고 느꼈고, 다시 부정행위를 했다. 지난번 걸린 덕에 더 교묘한 방법으로 성공했다. 성적표를 받은 날 학생은 선생님께 성적표를 펴 보인다. 그리고 교무실 문밖을 나오며 성적표를 갈기갈기 찢어 공중으로 흩뿌린다.

그 반 학생들이 엔딩 장면을 보며 기립 박수를 쳤다. 시나리오는 누구나 처음부터 잘 쓰기 어렵다. 교사가 참고 기다리면 아이들은 신기하게도 스스로 깨닫고 제대로 된 영화를 만들어온다. 실패할 수 있는 기회야말로 학생들을 성장으로 이끄는 가장 좋은 방법이다.

콘티 그리기

시나리오를 다 쓰고 나면 콘티를 그린다. 콘티는 시나리오를 보면서 한 개의 신을 몇 개의 장면으로 나눌 것인지를 결정한 후 그린다. 시나리오를 쓸 때는 이야기의 흐름과 대사, 지문에 집중했다면 콘티는 장면을 어떻게 촬영할 것인지에 집중한다. 시나리오를 쓸 때 고민하지 않았던 사항들을 생각해야 하는 단계이다. 각 장면의 숏 사이즈를 어떻게 잡아서 시작할 것인지, 처음 잡은 숏 사이즈를 그대로 유지할 것인지, 나눌 것인지에 대해 구체적으로 정해야 한다. 촬영 방법도 고민해야 한다.

예를 들어, 선생님에게 야단맞는 장면에서 처음부터 선생님의 얼굴을 클로즈업으로 잡으면 어색하다. 그렇다고 야단맞는 장면 전체를 풀숏으로 처리하면 재미가 없다. 모든 장면의 시작을 풀숏으로 처리하는 것도 재미없고, 촬영 기법이 전혀 들어가지 않고 삼각대를 세워 찍는 것도 재미없다. 그러므로 이 단계에서는 촬영하기 단계에서 수업 시간에 다루었던 숏 사이즈와 촬영 기법 활동지를 펴놓고, 그 단계에서 고민했던 부분을 실제 콘티를 그리면서 결정해야 한다.

시나리오 쓰기는 집단이 함께 창작하는 방법이 좋으나, 모둠 구성원에 따라 한두 사람이 집중해서 시나리오를 쓰기도 한다. 콘티 그리기도 집단이 함께 고민하면서 그리는 것이 좋으나, 시간을 줄이기 위해서는 시나리오의 총 신 수를 모둠원 수로 나누어서 나눈 신 수를 개인이 그리게 하는 방법도 있다. 미술과와 융합 프로젝트 수업일 경우, 개인이 그린 콘티를 수행평가로 사용하기도 한다. 이럴 경우 같은 모둠이지만 수행의 결과는 개인의 고민과 영화에 대한 참여 정도에 따라 달라진다. 이렇게 개인별로 모둠 시나리오의 신을 나눠서 콘티를 그린 경우에는 1차시에 개인별 콘티 작업을 주고, 2차시에 개인별로 그린 콘티를 모아서 모둠이 점검하면서 수정 보완하는 과정을 거친 후 영화를 촬영할 때 사용한다.

시나리오가 이야기 전개에 중점을 둔다면, 콘티는 각 신에 대한 자세한 정보가 담겨 있기에 영화를 촬영하는 내내 모둠 전체가 가지고 있으면서 지속적으로 점검해야 한다. 개인별로 시나리오와 콘티, 촬영 계획표를 파일 하나에 철해서 가지고 다니게 하면 '○○이 없어서 작업을 못 하는' 사태를 방지할 수 있다.

창의융합 프로젝트	반	번호		이름		영화 활동지 11
주제 : 영화로 세상을 만나다				콘티 그리기		

※ **이번 시간은 '콘티 그리기'입니다.**

V 촬영 콘티(shooting conti) : 실제 촬영 현장에서 필요한 스토리보드. 카메라 워크, 앵글의 종류, 인물의 연기, 조명의 위치 등 촬영에 필요한 모든 요소를 고려한다. 또 여분으로 촬영할 장면까지 고려하여 그립니다.

콘티 제작							
장면 번호	촬영 장면 (그림 혹은 글)	숏, 촬영	주요 대사	시간	등장 인물	소품	기타
S#1. 교실, 낮		교실 풀숏. 복도 가영 니숏	민수 : 야! 선영이 온다. 조용히 해. 가영 : 온다! 온다!	1분	민수, 가영, 교실의 애들 몇 명	교복, 책상 위의 책	카메라 민수 얼굴 중심으로 주변 담기

위의 콘티는 예시입니다. 다른 종이에 콘티를 작성한 후, 계획한 대로 촬영 및 편집을 합니다.

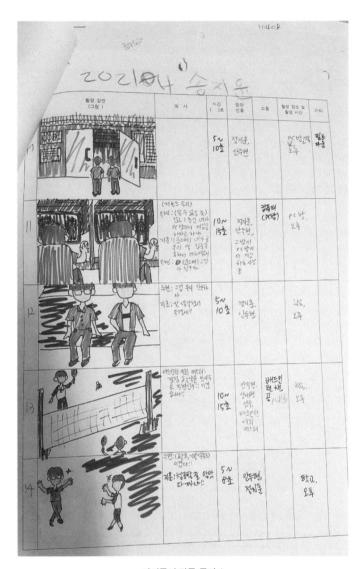

아이들이 만든 콘티 1

(#1~10) 콘티 제작(연출계획, 스토리보드)

작 품 제 목 : 봄날의 개나리   학 번 : 20226   이 름 : 이지유

장면 번호	촬영 장면 (그림)	대 사	시간 (~1초)	등장 인물	소품	촬영 장소 및 촬영 시간	기타
1	봄날에 개나리	X	10초	X	X	X	디졸브
		윤혜진 : 나리야 어쩌면 좋을까이 나리 : 그냥 뼈먹고 그리고 너도 그래요	50초	윤혜진 나리	버스	공원길 /아침	디졸브 페이드인 (Off)
		나도 아무것도 아니었나 어쩌나 마음 좋은데 중간에 더 들떠나녀 겠다.	30초	나리	X	주택단지 골목 /저녁	페이드인 (off) 디졸브 트래킹
		학생1 : 아닌 에헴해 적고가 얼마 으째 생물로 취하가네 해이... 학생3 : 언 개개다가 쟁간만 져어하... (나무를 안에서)	1분40초	학생1 학생2 학생3 나리	나뭇가지들	주택단지 골목 /오후	디졸브

아이들이 만든 콘티 2

촬영 계획표

촬영 계획표는 따로 작성하지 않아도 좋으나, 있으면 학생들이 영화를 제작하면서 시간을 낭비하는 것을 줄일 수 있다. 교사 한 사람이 자신의 시간을 사용하여 영화 제작을 한다거나, 여러 교과가 함께 참여하여 만드는 창의융합 수업의 경우에는 촬영 계획표가 없어도 학생들이 교사가 제시하는 활동을 잘한다. 교사 한 사람이 진행하는 경우, 일정 기간을 영화 제작 수업으로 계획하여 진행하기 때문에 맥이 끊기지 않고 교사가 이끄는 대로 함께하기 때문이다.

또한 여러 교과가 통합하여 진행하는 경우, 교사들이 자신이 맡은 부분을 책임감 있게 진행하기 때문이다. 이럴 경우에는 촬영 계획표가 따로 필요하지 않으나, 자유학기제처럼 길게 학생들의 힘으로 끌어가야 하는 경우에는 촬영 계획표가 있으면 학생들이 시간을 효율적으로 활용할 수 있다.

창의융합 프로젝트	반	번호		이름		영화 활동지 12
주제 : 영화로 세상을 만나다				촬영 계획표 짜기		

※ 이번 시간은 '**촬영 계획표 짜기**'입니다.

아무 계획 없이 무턱대고 카메라를 들고 나가면 무계획 속에서 끝이 보이지 않는 촬영에 임해야 할 수도 있습니다. 촬영 계획표를 짜면, 시간을 고려할 때 어느 장소 어느 신부터 먼저 촬영하는 것이 좋은지, 장소 이동 방법 및 경로, 소요 시간 등등 촬영을 위해 고려해야 할 것들을 정리하여 보다 체계적으로 촬영할 수 있습니다.

촬영 계획을 세우는 기준은 '장소'와 '시간'입니다. 장소가 같은 경우에는 촬영을 몰아서 하는 것이 가장 효율적입니다. 장소가 같지만 시간대를 달리해야 하는 경우는 시간에 맞춰 찍어야 합니다. 예를 들어, 장소가 '교문 앞'이라 할지라도 등굣길과 해가 진 뒤의 장면이 필요한 경우는 시간대를 달리하여 촬영해야겠지요.

계획은 말 그대로 계획입니다. 언제든 바뀔 수 있습니다. 그렇다고 하여 '어차피 계속 바뀔 거 대충 짜지 뭐.'라고 생각하면 안 됩니다. 철저히 계획을 세우는 것은 그것을 그대로 지키기 위해서가 아니라, 실수 없이 순발력 있게 계획을 수정하기 위한 것입니다. 계획을 철저히 세우면 세울수록 계획을 수정할 때 실수하지 않습니다.

★공식적인 영화 촬영일은 6월 2일, 9일, 영화 만드는 국어 시간입니다. 하지만 그 시간이 아니더라도 방과 후나 쉬는 시간을 이용하여 얼마든지 촬영이 가능합니다. 그렇기 때문에 촬영 계획표를 더욱 꼼꼼하게 작성해야겠지요?

(예)

날짜	시간	신 번호	촬영 장소	필요한 배우	소품 및 준비물	의상
12/4	5교시	S#. 3, 4, 6	교실	선생님, 명철, 명철 친구1, 명철 친구2, 명철 친구3	출석부, 체육복(명철 친구1), 교복(명철, 명철 친구2, 3), 핸드폰(3개)	·명철-교복 ·명철 친구1- 체육복 ·명철 친구2, 3-교복

날짜	시간	신 번호	촬영 장소	필요한 배우	소품 및 준비물	의상
12/4	해질녘	S# 1, 10	○○ 집 앞	명철, 명철 친구1, 명철 친구2	핸드폰	S#1. · 명철-사복 · 명철 친구1-사복 S#10. · 명철-교복 · 명철 친구1, 2-교복

위의 촬영 계획표는 예시입니다. 다른 종이에 촬영 계획표를 작성한 후 영화 계획대로 촬영합니다.

촬영하기

 촬영은 주로 수업 시간에 이루어진다. 촬영을 과제로 줄 경우, 진행이 잘되는 모둠은 계획대로 되지만 그렇지 않은 모둠은 영화 상영하는 날까지 완성하지 못하는 경우가 많다. 수업 시간에 영화 촬영 시간을 적게라도 따로 계획해서 주어야 진행이 원활하게 된다. 그렇지만 촬영을 위해 너무 많은 시간을 줄 수는 없다. 5~6차시 정도의 시간을 정해두고 촬영하도록 한다.

 영화를 찍다 보면 수업 시간에 찍을 수 있는 장면은 한정적이고, 수업 이외의 시간에 찍어야 하는 경우도 생긴다. 배경이 학교가 아닌 곳이라든가 시간이 밤이면 방과 후에 찍어야 한다. 실제로 영화 촬영을 하다 보면 5~6차시 촬영 시간으로는 턱없이 부족하기 때문에 방과 후나 점심, 아침 시간 등을 활용하여 찍어야 한다.

영화를 촬영하다 보면 학교에서 밤 신을 찍어야 하는 모둠들이 있다. 현재까지 많은 학교가 저녁에는 학생들에게 개방하지 않기 때문에 교사가 2~3일 정도 날짜를 정해서 학생들과 함께해야 무리 없이 촬영할 수 있다. 교사가 학교에 밤까지 남을 수 있는 날을 2~3일 정해서 학생들에게 그날 중 학교에서 밤 신을 찍을 날짜를 선택하게 하면서 진행해야 한다. 그렇지 않으면 학생들은 그 신을 촬영하지 못해 끝내 영화를 완성할 수 없게 된다.

처음 찍는 신은 NG가 많이 나온다. 심지어 하루 종일 찍어도 한 신을 못 건지는 경우도 있다. 그럴 때는 NG가 난 장면이라도 지우지 말고 남겨두게 해야 한다. 최악의 경우에는 그 장면들 중에서 골라 편집하는 상황이 벌어지기 때문에 NG 장면이라고 지워버리면 그 장면보다 못한 장면을 찍거나 몇 시간을 찍었는데도 한 장면도 못 건지는 경우가 발생하기도 한다.

학교에는 영화 촬영용 슬레이트가 없기 때문에 장면을 찍을 때 빈 종이에 신 번호를 써서 그것을 먼저 찍으면서 큐 사인을 주고 촬영을 시작해야 편집할 때 편리하다. 또한 연기를 시작하면 바로 찍지 말고, 카메라 시작을 누르고 신 번호를 찍고, 3초 정도 지나고 연기를 한다. 또한 연기가 끝나면 바로 카메라를 끄지 말고 3초 정도 지난 후에 카메라를 꺼야 한다. 그래야 편집할 때 어색하지 않고 장면이 자연스럽게 이어진다.

영화 작업이 끝나고 상영을 모두 마칠 때까지 촬영한 동영상을 삭제하지 않도록 해야 한다. 편집하는 도중 파일이 삭제되는 경우가 많고, 특히 상영하려고 할 때 파일은 분명히 있는데 빈 화면만 뜨는 경우도 종종 일어난다. 그래서 원본 동영상은 지우지 말고 상영이 끝날 때까지 반드시 보관하도록 해야 한다. 스마트폰의 저장 용량이 찼다면 클라우드나 카톡방에 올리게 한다. 학생들이 데이터가 없다고 호소하면 교사의 스마트폰 핫스폿을 켜주고 그 자리에서 올리게 할 수 있다.

촬영하기 전 촬영 기법에 대한 수업을 하면 학생들이 더욱 좋은 영상을 찍는다. 예시작으로 봤던 영화에서 촬영 방법이 좋았던 부분을 짚어주는 것도 좋다. 촬영 기법을 배우고 찍은 학생들과 그렇지 않은 학생들은 분명히 차이가 있는 영상을 찍는다. 예를 들면, 교사에게 야단맞는 장면을 찍을 경우에도 대부분 학생들은 교사와 야단맞는 학생들을 나란히 세워놓거나, 교사는 교무실에 앉아 있고 학생은 서서 고개를 푹 숙인 모습을 연출한 후 옆에서 촬영한다. 이런 장면은 평범하고 재미가 없을 뿐 아니라 단순한 이야기의 전달 밖엔 되지 않는다.

영화는 이야기를 전달하는 예술이 아니다. 영상으로 보여주는 디테일이 살아 있을 때 관객은 그것에 감동하고 공감한다. 시나리오에 야단맞는 장면이 있다고 가정해보자. 그게 교실이냐 교무실이냐

하는 장소에 따라, 학생이 명백히 잘못한 상황이냐 교사가 오해한 상황이냐에 따라, 학생은 어떤 캐릭터이고 교사는 어떤 캐릭터이냐에 따라 포착할 장면은 상당히 다르다.

야단치는 교사의 얼굴을 풀숏으로 잡느냐, 화난 눈을 클로즈업하느냐, 야단치는 입술을 클로즈업하느냐에 따라 관객에게 보여주는 교사의 이미지와 야단의 정도가 달라진다. 학생이 머리를 푹 숙이고 있지만 고개를 살짝 들 때 웃고 있다면, 어깨를 들썩이고 있다면, 고개를 숙이고 계속 휴대폰으로 누군가와 소통하고 있다면 등 캐릭터의 특성에 따라 다른 영상을 담을 수 있다.

등교 장면도 교문 안에서 뛰어 들어오는 학생들을 잡을 수도 있고, 5층 교실에서 저쪽 교문으로 들어오는 학생들을 위에서 아래로 찍을 수도 있고, 교문 밖에서 들어가는 학생들의 뒷모습을 찍을 수도 있다. 그래서 학생들에게 촬영 기법을 알려주는 것은 중요하다. 촬영 기법과 같은 것은 전공이 아니기에 알려줄 수 없다고 생각한다면 교사는 아는 것만 가르쳐줄 수밖에 없다. 그렇다면 앞으로 무서운 속도로 변해가는 사회에서 학생들보다 항상 뒤처져 있을 것이다.

자신의 전공과목 이외에 어떤 것을 가르쳐줄 수 있으며, 그 전공과목을 가르치는 것을 교사를 대체하여 다른 것이 할 수는 없는 것일까를 물어본다면 자신이 없어진다. 교사의 역할에 대한 고민을 할 때, 가르쳐주는 역할에서 학생들을 지원하면서 함께 배우고 성장하는 역할로 생각한다면 이런 부분에 대한 입장 정리를 할 수 있을 것 같다.

촬영 기법을 수업할 때는 일단 숏의 사이즈를 먼저 알아야 한다. 그렇지 않으면 학생들은 항상 풀숏으로만 촬영하기 때문이다. 이런 영상으로만 구성된 영화는 화면에 변화가 없어서 재미없다. 그래서 숏 사이즈에 대한 공부를 먼저 해야 한다. 예전 7차 교육과정에서는 국어과에서 영상 매체 성취기준에 숏 사이즈에 대한 것이 있었던 것으로 기억하는데, 2009년과 2015년 개정 교육과정에서는 본 기억이 없다.

숏 사이즈는 풀숏, 니숏, 미디엄숏, 바스트숏, 클로즈업, 익스트림 클로즈업, 롱숏, 익스트림 롱숏 등이 있다. 이런 숏 사이즈에 대한 용어를 활동지로 만든 후 학생들이 직접 스마트폰으로 검색해 알아내도록 한다. 그리고 이런 다양한 숏 사이즈를 자신들의 시나리오 어떤 장면에서 쓸 것인지 생각해보도록 한다.

숏 사이즈에 대한 공부가 끝나면 촬영 기법에 대해 공부한다. 흔히 쓰는 촬영 기법으로 패닝, 틸트업, 틸트다운, 붐업, 붐다운, 줌인, 줌아웃, 핸드헬드, 트래킹 등이 있다. 이들 기법도 스마트폰으로 검색하여 공부한 후 자신들의 시나리오 어떤 장면에서 사용할 것인지 생각해보도록 한다.

스마트폰으로 동영상을 촬영하면 숨 쉬는 것 등 사소한 움직임도 영상에 잡힌다. 이런 영상은 스마트폰으로 볼 때는 화면이 작기 때문에 별 문제가 없는데, 영화로 만들어져서 큰 화면으로 보면 아주 작은 움직임도 크게 보이기 때문에 보는 사람들은 멀미를 느낀다. 그래서 촬영할 때 삼각대를 사용하거나, 삼각대가 없다면 촬영할 때 두 팔을 겨드랑이에 꼭 붙여서 움직임을 최소한으로 하고 찍어야 한다. 또 한 가지! 촬영하다 보면 스마트폰을 세로로 세워서 장면을 찍는 학생들이 꼭 있다. 절대로 세로로 찍으면 안 된다. 반드시 가로로만 찍게 해야 한다.

촬영하기 전에 간과하지 말아야 할 것이 있다. 그것은 바로 인서트 컷이다. 나뭇잎이 떨어지는 장면이나, 해가 뜨거나 지는 장면, 사람들이 왔다 갔다 하는 장면, 아이들이 떠들고 웃으며 지나가는 장면처럼 관객들에게 주로 어떤 정보를 주거나 장면의 분위기를 보여주기 위해 사용하는 컷을 인서트 컷이라고 한다. 영화 〈이성 콤플렉스〉의 경우, 처음 시작하는 장면이 바로 인서트이다. 익스트림 롱숏으로 찍었는데, 5층 교실 창문에서 교문으로 등교하는 학생들을 찍은 이 부분이 인서트 컷이다. 이 인서트 컷 이후에 바로 민재가 등장하는데 풀숏으로 민재가 등교하는 모습, 나리가 등교하다가 민재가 넘어진 것을 보는 모습을 모두 풀숏으로 처리하면서 영화가 시작된다.

인서트 컷은 교사가 아무리 강조해도 사용하는 모둠이 별로 없지만, 사용하는 사람의 역량에 따라 효과는 무궁무진하다. 외로움을 표현하기 위해 배우들이 몹시 슬픈 상황을 연기하지만 그 내면까지 화면으로 보여줄 수 없다. 이럴 때 인서트 컷을 활용하여 연못에서 오리 가족이 다정하게 헤엄치며 서로의 깃털을 다듬어주는 장면, 그 장면에 이어지는 홀로 앉아 있는 주인공이 있을 때 그의 내면이 외롭다는 것은 설명하지 않아도 관객은 바로 알아차린다.

인서트 컷이 없으면 장면과 장면을 이을 때 어색한 경우도 있다. 또한 관객이 영화 진행을 따라잡지 못해 이해하는 데 어려움이 생기기도 한다. 머리로는 영화 내용을 알겠지만 마음으로 동의가 안 되거나 지나치게 빨리 진행된다는 느낌을 받기도 한다. 중학생들이 만든 영화를 보고 어른들이 빨리 이해하지 못하는 이유 중 하나가 인서트 컷을 잘 활용하지 않는 것이 원인인 경우도 많다.

다음은 활동지 제작의 예이다.

창의융합 프로젝트	반	번호		이름		영화 활동지 13
주제 : 영화로 세상을 만나다				숏 사이즈와 촬영 기법		

※ 이번 시간 활동은 '숏 사이즈와 촬영 기법' 알기입니다. 영화는 영상으로 보여주는 예술입니다. 좋은 시나리오도 촬영에서 담아내지 못하면 억지로 봐야 하는 동영상일 뿐이죠. 반대로 멋진 시나리오가 아니어도 어떻게 촬영하느냐에 따라 대단한 영화가 되기도 한답니다. 빈약한 시나리오도 멋진 영화로 만들 수 있는 마법, 촬영의 세계로 떠나보자고요.

★★★ 영화의 장면은 인물이 어떤 크기로 담기느냐에 따라 숏 사이즈를 구분합니다. 스마트폰으로 숏 사이즈를 조사하고 그림으로 그려 설명해봅시다.

풀숏 :	패닝 :
니숏 :	미디엄숏 :
바스트숏 :	

★★★ 스마트폰으로 촬영 기법을 조사하여 그림으로 그리고 설명해봅시다.

틸트업 / 틸드다운 :

이렇게 숏 사이즈와 촬영 기법을 스스로 찾아서 알고 그림으로 표현하고 설명할 수 있도록 활동지로 구성하면 됩니다. 조사한 숏 사이즈와 촬영 기법을 자신들의 어떤 장면에 활용할 것인지도 고민하게 합니다.

이렇게 숏 사이즈를 조사해서 그림으로 표현하고 설명을 하면서 이해할 수 있도록 제작하면 된다. 다음 활동으로 촬영 기법인 패닝, 틸트업, 틸트다운, 붐업, 붐다운, 줌인, 줌아웃, 핸드헬드, 트래킹을 앞의 표처럼 만들어서 학생들이 스마트폰으로 검색하면서 촬영 기법을 찾아 그림을 그리고 설명을 쓰게 하면, 가르쳐주지 않아도 찾고 설명하고 그림을 그리면서 이해하게 된다.

여기에 활동란을 하나 더 첨가해서 인서트 컷에 대해서도 조사하게 하고, 우리 모둠 시나리오의 어디에 어떤 인서트를 쓸 것인가를 고민하게 해도 좋다. 인서트 컷을 촬영하는 시간 외에 평소 일상에서 나뭇잎이 떨어지는 장면을 본다든가, 아침 해가 뜨는 장면이나 아이들이 떠들면서 지나가는 장면 등을 틈틈이 찍어두면 유용하게 쓰인다. 그리고 중요한 한 가지가 더 있는데, 연기를 잘해도 배우의 소리가 작거나 주변이 시끄러우면 나중에 상영할 때 아무 소리도 들리지 않는다는 것이다. 그렇기 때문에 배우들은 될 수 있으면 큰 소리로 대사를 말해야 하고 주변의 소음을 제거한 후에 촬영해야 한다. 이렇게 했는데도 배우의 소리가 잘 전달되지 않을 때는 배우의 옷 윗주머니에 스마트폰을 넣은 후 음성 녹음 버튼을 누르고 촬영한 후 편집할 때 소리를 화면에 입히는 방법도 있다.

창의융합 프로젝트	반	번호		이름		영화 활동지 14
주제 : 영화로 세상을 만나다				촬영하기		

※ **이번 시간에는 영화를 촬영하는 작업입니다.**

자~! 이제 정말 촬영할 준비가 되었나요? 각자의 역할에 최선을 다하는 것이 좋은 영화를 만드는 또 다른 지름길이 될 수 있습니다. 빨리 나가고 싶은 마음은 이해하지만 나가기 전에 아래 내용을 먼저 꼼꼼하게 읽고 나갑시다.

〈좋은 촬영을 하기 위한 7가지 제언〉

☞촬영 현장 3대 금지어~!! "나, 안 할래!", "언제 끝나?", "또 찍어?"☜

1. 3초 원칙

초보들이 영화 촬영에서 흔히 하는 심각한 실수는 어떤 컷을 촬영할 때 딱 그 컷의 장면만 찍는 것입니다. 이렇게 촬영하면 나중에 편집할 때 딱딱 끊기게 됩니다. 배우는 감독의 큐 사인 후 3초 정도 기다린 다음 연기를 시작해야 하고, 감독은 연기가 끝나고 3초 후 컷 사인을 줍니다. 그래야 편집할 때 잘라낼 부분이 생깁니다.

2. **인서트 컷 찍어 놓기**

연기를 한 영상만으로 편집하면 나중에 이야기가 잘 전달이 안 됩니다. 신과 신 사이의 연결을 부드럽게 하기 위해서는 다른 화면이 필요하기도 합니다. 촬영 감독은 시시때때로 촬영 장면 이외의 장면을 찍어두도록 합니다. 아이들이 뛰노는 운동장, 낙엽이 떨어지는 나무, 아침에 새들이 날아가며 짹짹거리는 모습 등. 이런 인서트 컷은 편집할 때 화면에 무궁무진한 의미와 분위기를 넣을 수 있습니다.

3. **촬영에서 해결할 수 없으면, 편집으로도 해결이 안 됩니다.**

편집으로 다 할 수 있을 것 같지만, 우리는 장비나 기술이 없으며 편집할 수 있는 시간도 적습니다. 편집에서 할 수 있는 것은 영상 이어 붙이기 정도에 불과합니다. 촬영할 때 완벽하게 하고, 편집에서 해결하려는 마음을 버리는 게 좋습니다.

4. 배우는 큰 소리로 대사를 말해야 합니다.

스마트폰으로 영화를 만드는 것이기에 대사가 잘 들리지 않습니다. 배우는 큰 소리로 대사를 말합니다.

5. 찍은 동영상 삭제 금지

찍은 동영상은 삭제하지 않도록 합니다. NG 장면이라도 영화 상영회를 마칠 때까지 삭제하지 않습니다. 계속 NG를 내다가 결국 그 장면 중 하나를 선택해서 편집하는 경우도 생깁니다.

6. 숏 사이즈와 촬영 기법이 우리 영화에 다 들어갈 수 있도록 최대한 이용하여 촬영하십시오.

7. 시나리오, 콘티, 촬영 계획표를 항상 가지고 다니면서 꼼꼼하게 챙겨서 촬영에 임합시다.

영화 제작 episode ②

아이들을 변화시키는 것은 무엇일까?

영화 수업은 교실에서만 하는 것이 불가능하다. 시간을 주고 촬영 장면을 확인하면, 교문 앞이나 학교 옆 공원, 복도, 도서실 등 교실에서 촬영한 장면이 별로 없다. 당연히 학교 여기저기서 학생들이 돌아다니며 스마트폰으로 동영상을 찍는다. 순회 갔던 학교에서 처음 촬영하는 시간. 복도 신을 찍는데 학생들이 뛰어다니고 소리치고 도저히 내가 감당할 수 없을 정도였다. 교실에서 수업하는 교사들에게 미안하기만 했다. 혹시 문을 열고 영화를 찍는 학생들에게 조용히 하라고 소리치지는 않을까 노심초사했다. 다행히도 그런 일은 없었다.

그다음 주에 두 번째 촬영을 하는데, 학생들이 조용히 걸어 다니고, 수업하는 반 복도 앞은 피하면서 찍었다. 나는 학생들이 다른 교사들에게 야단이라도 맞았으려니 하고 짐작했다. 그러다가 학생들이 쓴 수행평가를 읽다가 깜짝 놀랐다. 수행평가는 '영화를 찍으며 알게 된 사실이나 느낀 점' 등을 적는 것이었다. 놀랍게도 학생들이 쓴 글에는 영화를 찍는 과정에서 알게 된 점, 느낀 점을 넘어 영화를 찍는 자신의 행동을 성찰하고 반성하는 내용까지 담겨 있었다.

영화를 만들며 아이들은 조금씩 변화한다.

자신들이 다른 과목 수업을 할 때 다른 반 학생들이 영화 수업을 하면서 뛰며 소리치는 것을 듣고, 영화를 찍을 때 조용히 해야 다른 반 수업에 방해가 되지 않는다는 것을 깨달았다고 했다. 그래서 자신들이 영화를 찍을 때 조용히 하게 됐다는 것이다. 아! 아이들의 소란스러움을 참고 기다려준 선생님들을 오해한 나도 부끄러웠지만, 스스로 얻은 깨달음이 행동을 더욱 크게 변화시킬 수 있다는 것을 배운 경험이었다.

편집과 영상 음악

창의융합 수업으로 영화 제작이 진행되면 미술 교과는 주로 콘티 그리기와 영상 미술 부분에서 수업이 진행된다. 미술 시간에 그린 콘티가 수행평가 항목이 되고, 영화에서 사용한 소품이나 배우가 입은 의상, 촬영한 장소를 적절하게 꾸민 것들이 영상 미술 부분으로 수행평가 항목이 된다. 영상 음악도 음악 시간에 진행되면 영화에 사용된 음악이 훨씬 영화를 돋보이게 한다. 이럴 때도 영상에 사용된 음악 부분이 수행평가의 항목이 된다. 편집이나 촬영 기술 모두 수행평가 항목이 될 수 있다.

학교에서 과정 평가를 하면 지필고사가 줄면서 학생들이 수행평가에서 폭탄을 맞는 경우가 종종 생긴다. 지필고사가 비중을 많이 차지할 때는 시험 기간 동안 바짝 공부하면 되는데, 과정 평가를 강조하면서 수행평가의 비중이 높아지고 각 과목에서 수업 중 여러 단계에서 평가를 진행하는 바람에 학생들은 일 년 내내 수행평가라는 평가 폭탄을 맞게 된다. 이런 이유에서도 창의융합 수업이 유용하다.

예를 들어, 과목별로 과정 평가가 진행되는 경우 국어과는 매체 단원에서 동영상을 만들고 수행평가를 하고, 미술과에서는 영상 미술 단원에서, 음악과에서는 영상 음악 단원에서 동영상을 만들고 평가할 수 있다. 이 밖의 과목에서도 동영상 만들기를 할 가능성이 높다. 교사들은 자신들의 과목에서 단 한 번 동영상을 만들게 하지만, 학생들의 입장에서는 이 과목 저 과목에서 동영상을 만들고 수행평가를 한다. 일 년에 동영상을 여러 번 만들지만 각 과목들은 자신의 성취기준 부분만 잘 가르쳐줄 뿐, 나머지 부분들은 가르침이 생략된 채 수행평가라는 결과만 남아 있다. 그래서 가르침의 효율성이나 활동의 깊이, 학생들의 평가에 대한 부담 줄이기를 생각할 때 창의융합 수업이 적당한 경우가 있다.

다음은 편집하기와 영상 음악에 대한 활동이다. 편집하기는 주로 기술 교과에서, 영상 음악은 음악 교과에서 한다. 하지만 한 사람의 교사가 한다거나 자유학기제에 한다면 편집하기 전에 영상 음악을 다루는 것이 좋다.

1. 영상 음악

영화에 음악이 들어가거나 음향이 들어가면 그 효과는 더할 수 없이 커진다. 학교에서 영화를 만들 때 음향이 들어가는 경우는 많이 없지만, 음악은 대부분 학생들이 영화에 넣는다. 음향은 인터넷이나 스마트폰으로 검색하여 넣는데 음악은 대부분 자신들이 좋아하는 케이팝을 사용한다. 케이팝을 넣는 것이 나쁘다는 게 아니다 영화의 예술성을 끌어 올리는 역할보다는 음악이 영상보다 더 튀어나와 영화 감상을 방해하는 경우가 많다. 영화에서 음악은 영상에서 전달하기 어려운 분위기나 상태 등을 표현하는 도구이다. 관객들이 영화에 몰입하고, 잘 이해하고, 공감하도록 하기 위한 보조 장치이므로 영상과 잘 어울리면서 영상보다 튀지 않는 것을 활용하도록 하는 것이 좋다.

학교에서 영화를 만들면서 교사가 학생들에게 영상 음악을 찾을 때 여러 가지 과제를 제시할 수도 있다. 예를 들면, 지금까지 들어보지 않은 생소한 음악, 다양한 장르의 음악, 케이팝이 아닌 음악, 다른 나라의 음악 등을 제시하면 의외로 학생들이 잘 찾아온다. 음악과와 협력이 잘된다면 작곡 단원에서 학생들에게 자신들의 영화에 맞는 음악을 작곡하게 하여 모둠 친구들이 이 노래를 부른 후 영상 음악으로 사용해도 좋다. 의외로 학생들이 직접 만들고 부른 음악을 넣은 영화가 더 깊은 감동을 주기도 한다.

창의융합 프로젝트	반	번호		이름		영화 활동지 15
주제 : 영화로 세상을 만나다				영화 음악 입히기		

1. 내가 보았던 영화들 중에서 특히 음악이 인상 깊었던 영화를 찾아봅시다.

▶ 영화 제목 :

▶ 인상 깊었던 음악 (또는 음악이 나왔던 장면) :

2. 영화에서 음악이 필요한 이유는 무엇일까요? 영화 음악의 역할에 대해 생각해봅시다.

(예) 긴장을 고조한다. - 조스가 나타날 때

①

②

③

④

3. 영화음악의 기능에 대해 알아봅시다.

물리적	① 시간적, 공간적 배경을 확인하는 기능-영화의 시간과 공간에 색채를 불어넣어 어느 시대, 어떤 상황, 어느 나라와 어느 곳에서 전개되는 이야기인지 설명해준다.	눈이 오는 겨울날, 광해군 8년의 조선 왕실
	② 동작과 상태를 표현하는 기능-장면의 속도와 음악의 템포 변화로 인하여 긴장감과 역동감을 표현할 수 있다.	달리는 자동차를 추격하는 장면

심리적 기능	① 인간이 느끼는 감정을 나타내는 기능-기쁨, 환희, 슬픔, 비참함, 상쾌함, 분노 등 여러 가지 다양한 심리적 감정을 음악으로 표현해 영상을 도와주는 것	다시 만날 수 없을 것 같았던 연인과 재회
기술적 기능	① 시간의 생략을 연결해주는 기능-갑자기 주인공이 아이에서 어른으로 성장하거나 10~20년 후 장면으로 넘어갈 때 세월의 흐름을 크게 인식하지 않고 자연스럽게 만들어준다.	어린 장금이가 한상궁 마마님께 요리를 배우다 어른 장금이로 자란 장면
	② 장면이나 공간이 바뀔 때 연결해주는 기능 -신이 바뀌는 장면이 어색하지 않도록 해준다.	집에서 밥을 먹고 있었는데 다음 장면에서 길거리를 걷고 있음

4. 영화음악의 여러 가지 기법

① 라이트모티브(Leitmotiv)
-등장인물이 스크린에 나올 때마다, 혹은 일정한 행동을 하는 순간마다 특정 음악이 반복해서 등장. 테마 음악

② 미키마우징
-화면에 음악을 맞춘다. 디즈니 만화영화에서 쉽게 볼 수 있는 것. 주인공의 행동에 따라 음악이 그 장면을 추적하는 방법이다. 음악과 영상이 일치하는 매력으로 등장인물의 감정을 보다 증폭시키는 효과를 이끌어낸다. 톰과 제리

③ 아이러니
-장면과 반대되는 역설적인 음악이 등장하여 감정적 충돌 유발

④ 무음 또는 침묵
-특정 시점에서 흐르던 음악이 멈춤으로써 극적 강조점을 이끌어냄

⑤ 템포 변화
-영화 속 사건의 전개를 더욱 빠르게 하거나 속도를 늦출 수 있다. 리듬감 있는 빠른 음악을 쓰느냐 느긋한 템포의 음악을 쓰느냐에 따라 감정을 조절하거나 정서 변화의 효과를 줄 수 있다.

5. 좋은 영화음악의 조건

① 음악은 영화를 철저하게 도와주어야 한다(언더스코어링).
-영화음악은 영상 밑에 흐르면서 영화의 전반적인 흐름을 함께 읽도록 해야 한다. 영화 안에서 튀는 음악은 좋은 영화음악이 아니다. 영상의 스토리에 부합하는 음악 아이디어를 내고 영상의 전개에 따라 수시로 변하는 음악이 좋은 영화음악이다.

② 영화 안에서 음악은 들리되 들리지 않아야 한다(불가청성).
-영화를 볼 때 효과음과 음악, 영상이 따로 의식되지 않도록 해야 한다. 음악이 영상을 방해하지 않을 때 비로소 관객은 영화 속으로 몰입할 수 있다. 영화 안에서 음악은 드러나지 않아야 한다.

창의융합 프로젝트	반	번호	이름		영화 활동지 16
주제 : 영화로 세상을 만나다			영화 음악 입히기		

♪ 음악 입히기 ♪

우리 모둠의 영화에 어울리는 음악을 입혀봅시다. 콘티를 보면서 음악이 들어가야 하는 장면을 찾아 어울리는 음악을 찾아봅시다.

*음악, 효과음이 필요한 장면을 고릅니다(따로 소리를 편집해야 하는 장면).
*음악 선정 시 다양한 장르의 음악을 들어보고 고르도록 합니다.
*영화음악의 기능 중 물리적, 심리적, 기술적 기능이 골고루 들어가도록 합니다.

장면 번호	내용(간단히)	음악이 필요한 이유	음악이 하는 기능	사용할 음악, 효과음, 작곡가/제목

2. 편집하기

교사가 편집 프로그램을 사용하는 방법을 알면 좋지만, 몰라도 영화를 만드는 데는 크게 문제되지 않는다. 사실 나도 편집 프로그램 사용법을 모른다. 영화 제작 수업을 융합 수업으로 기획하여 실행했던 가장 큰 이유가 내가 영화 제작하는 방법을 몰랐기에 동료 교사들의 전문성이 절실하게 필요해서였다. 기술 교사가 기술 시간에 편집 프로그램을 학생들에게 가르쳐주고 컴퓨터실에서 학생들이 모둠끼리 모여 편집하면 가장 빠른 시간에 효율적으로 영화가 완성되었다. 편집 프로그램을 아는 학생이 있는 모둠은 그 학생을 중심으로 편집을 하고, 아는 학생이 없는 모둠은 기술 교사에게 배워서 하는데, 중간에 생기는 어려움은 교사가 즉석에서 도움을 주어 영화를 만들 수 있었다.

교과융합 프로젝트는 이렇게 편집을 하지만, 그렇지 않은 경우라도 편집 프로그램을 아는 교사가 한 시간 정도 시간을 내 각 모둠에서 편집을 맡은 학생들만 모아 가르쳐주고 편집하도록 하는 방법도 써봤다. 방과 후에 한 시간 정도 시간을 만들어, 편집 프로그램을 아는 교사가 각 반의 모둠에서 편집을 맡은 친구 중 편집 프로그램을 사용할 줄 모르는 사람을 모아서 가르쳐주고 영화 편집을 하도록 하는 방법이다.

최악의 경우도 있었다. 다른 학교에 겸임 교사로 순회를 갔을 때의 일이다. 교과융합 프로젝트로 영화 수업을 하는데 그 학교 기술 교사가 편집 프로그램을 사용할 줄 몰랐다. 그래도 영화 프로젝트 수업은 무리 없이 진행할 수 있었다. 기술 시간 컴퓨터실에서 그 반에서 편집 프로그램을 아는 학생에게 다른 친구들한테 사용법을 가르쳐주고 편집하도록 했는데, 결과적으로 이 수업에서 학생들의 자발성이 가장 많이 발휘되었다.

학생들이 편집을 하다가 잘 모르거나 문제가 생기면 보통은 교사를 찾아와서 해결하는데, 교사가 아닌 같은 반 친구한테 편집 프로그램에 대해 배웠던 학생들은 문제가 생기자 스스로 해결하기 시작했다. 결과적으로 나의 배움과 성장이 가장 컸던 것이 바로 이 수업에서였다. 그 학교 컴퓨터실에는 편집 프로그램이 깔려 있지 않은 컴퓨터만 몇 대 있었다. 결국 학생들은 스마트폰에 동영상 편집 앱을 깔아서 영화를 만들어냈다. 자신들도 그런 앱이 있는지 몰랐는데, 학교 컴퓨터에 프로그램이 깔려 있지 않자 스스로 문제를 해결하는 과정에서 스마트폰 앱을 알게 되었고, 그것을 다운 받아 영화 제작을 완성했다.

문제는 스마트폰 앱으로 편집한 영상물의 화질이 컴퓨터로 편집한 영상물보다 많이 떨어진다는 것이었다. 학생들은 이 경험을 통해서 컴퓨터 프로그램과 스마트폰 앱으로 할 수 있는 영상물의 쓰임을 제대로 알 수 있게 되었다. 앞으로의 수업에서 교사의 역할이 어떤 것인가에 대한 확실한 깨달음을 얻게 된 시간이었다.

학생들이 편집 작업을 하면 삭제되는 경우가 종종 일어난다. 그래서 파일 관리를 잘 하도록 해야 한다. 촬영한 동영상을 한곳에 모아 따로 보관하도록 하고, 편집 작업이 끝났다고 해서 삭제하지 않게 해야 한다. 동영상을 모아놓고 편집 작업을 하는 도중 컴퓨터에 문제가 생겨 모든 파일을 날리는 경우도 있는데, 그런 문제가 발생해도 영화를 완성할 수 있도록 외장하드나 USB에 촬영했던 영상 모두를 복사해서 따로 저장해둬야 한다. 편집 프로그램으로 완성한 후에 마스터 파일로 뽑지 않고 그냥 빔프로젝터용 파일로 저장해서 가져오면 파일을 실행했을 때 빈 화면만 나타난다. 편집한 컴퓨터에는 원본 영상이 존재하지만, 파일을 옮긴 컴퓨터에는 원본 영상이 없기 때문에 빔프로젝터가 영상을 끌어올 수 없어서 빈 화면만 나타나는 것이다. 그래서 편집 프로그램으로 편집한 후 마스터 파일로 반드시 뽑은 후 저장해서 가져오도록 당부해야 한다. 아무리 강조해도 지나치지 않는 것은, 영화를 상영한 후 모든 것이 완벽했을 때야 비로소 찍었던 동영상들을 버려도 된다는 것이다.

학교에서 영화를 만들 때, 편집을 하는 학생들이 흔히 하는 행동이 있다. 자신들 영화의 첫 시작 장면에 산이 나오고 별이 사라락 나타나면서 영화사 이름인 파○○○○가 뜨는 유(사자가 어홍하고 울어대면서 영화사 이름이 나오거나 공이 통통 튀다가 쇼○○라는 국내 영화사 이름이 붙는 것 등등)를 붙인다. 주로 창의력이 있는 학생들이 이렇게 편집하는데, 상영제를 하면서 보면 정말 유치하고 재미없다. 단편영화제라 이름 붙이고 한 학년에서 잘된 작품들을 상영하다 보면 이런 장면으로 시작하는 영화가 한두 편이 아니다. 이런 편집은 피하도록 해야 한다. 결과적으로 영화의 질을 떨어뜨린다.

마찬가지로 자신들이 영화를 찍으면서 낸 NG 장면을 모아서 엔딩크레디트에 올리는데, 만든 모둠은 재미있고 감동이겠지만, 이것도 영화마다 그렇게 하기 때문에 관객의 입장에서는 지겹고 보기 싫은 장면이다. 그런 장면이 보고 싶으면 모둠 친구들이 갖는 파일만 그렇게 편집하고 학급에서 함께 보고, 학년 영화제에서 상영할 작품은 그런 부분을 잘라내는 게 좋다.

※ **이번 시간에는 영화를 편집하는 작업입니다.**

편집을 제2의 창조라고 합니다. 촬영한 영상을 어떻게 편집하느냐에 따라 정말 멋진 영화가 만들어지기도 합니다. 좋은 시나리오가 촬영과 편집을 거치면서 그저 그런 영화가 되기도 하지요. 우리 모둠 친구들과 지금까지 고생한 작업이 빛을 발할 수 있도록 편집을 해봅시다.

〈편집 전 잔소리〉

여기저기 다니면서 찍어둔 인서트 컷을 반드시 챙깁니다. 만약 인서트 컷을 찍어두지 않았다면 편집 전에 당장 나가서 두세 컷이라도 찍어둡니다.

〈편집 중 잔소리〉

① 영화는 편집자만의 것이 아닙니다. 모둠 모두의 것입니다. 바로 편집하십시오. 그렇지 않고 차일피일 미루면 우리 모둠 영화를 못 보는 경우가 생깁니다. 그럴 경우 친구들에게 온갖 잔소리를 들을 수 있음을 명심하세요.

② 영화가 완성되어 상영이 되기 전까지는 파일을 버리지 마십시오. 파일을 삭제한 후 다시 찍자고 했을 때 친구들은 옆에 없습니다.

③ 찍었던 모든 파일을 한곳에 모아 백업해두지 않으면 엉엉 울 수 있습니다.

④ 미리 보기를 불러와서 편집한 후 화면을 확인하고, 잘됐다고 끝난 줄 알고 작업한 파일을 지우고 옮기면 본인 머리를 다 뽑게 되는 수가 있습니다. 마스터 파일로 뽑은 후 다른 저장 매체에 옮기고, 친구들의 이메일에도 보낸 후 친구들이 열어보고 상영이 되는 것을 확인한 후에는 지워도 됩니다.

⑤ 나의 편집 기술이 모자라다고 느낄 땐, 과감히 주변(아버지, 어머니, 형, 오빠, 언니 등)에 도움을 요청하십시오. 그 사람이 편집을 하는 동안 그의 노예가 되어 온갖 심부름을 할지언정 못하는 편집을 혼자 한다고 낑낑대다간 영화 말아먹습니다.

〈편집 후 잔소리〉

제출 기간 내에 제출하십시오. 그렇지 않으면 열심히 편집해놓고 상영을 하지 못하는 경우가 생깁니다. 아마 그렇게 되면 같이 영화 작업을 했던 친구들한테 학년이 끝날 때까지 들들 볶임을 당할 것이 뻔합니다.

3장

학교에서
영화제 하기

학급 상영회

영화 만들기가 끝나면 상영을 해야 한다. 영화는 관객에게 보여주기 위해 만드는 것이므로 상영은 중요한 작업이다. 상영할 때 학급에서 먼저 상영회를 한 후에 잘된 작품을 뽑아 학년 전체 상영회를 하면 의미 있는 행사가 된다. 학년 전체 상영회를 할 때는 단편영화제라는 이름으로 행사를 만들고 진행하면, 학생들은 행사를 기획하고 진행하고 평가하는 과정에서 영화제를 이해하고, 많은 경험을 통해 성장할 수 있는 기회를 얻는다.

학급 상영회는 학급에서 모둠으로 만든 영화를 모두가 감상하면서 자신들의 작품을 평가하는 시간이다. 일종의 작은 영화제라고 할 수 있으나, 학년 전체가 하는 단편영화제와는 성격이 다르다. 학급 영화제는 행사보다는 작품에 대한 평가에 더욱 가깝다. 그래서 단순히 학급에서 친구들이 만든 영화를 감상하는 데서 끝내지 않고, 평가하고 그 결과를 함께 피드백하는 과정을 넣어야 한다. 이런 과정에서 학생들은 영화를 만든 과정을 성찰하고, 앞으로 이런 작업을 할 때 어떻게 하면 더 좋은 작품을 만들 수 있을지에 대한 방법들을 알게 된다.

만든 영화 파일을 제출 기간 안에 받은 후, 상영회 기간을 정해서 전체 반이 학급 상영회를 한다. 학급 상영회에서는 자신들이 만든 작품을 함께 보고 즐기면서 활동의 결과를 성찰한다. 또한 다음에 같은 일을 할 때 어떻게 하면 더 잘할 수 있는지에 대한 배움을 얻는 것이 중요한 목적이기 때문에 학생들에게 친구들의 작품을 감상하는 동시에 평가할 수 있는 활동지가 있으면 좋다. 학생들은 이런 활동을 통해 자신들이 했던 프로젝트에서 친구에게 배울 점, 자신들이 잘한 점, 부족한 점 등을 이야기를 통해 피드백을 받고 배운다.

실제로 아이템 정하는 작업을 했을 때 아무 생각 없이 '우리 모둠은 지가 학교 폭력을 당해 고민하다가 학교 옥상에서 자살한다'라고 정하고 영화를 만들었는데, 학급 상영회를 해보니 학급 전체의 아이템이 '학교 폭력'인 경우가 있었다. 학생들은 자신들이 만든 영화를 보면서 '학교 폭력'으로 영화를 만든 것을 무척 속상해했다. 사실 학교 폭력으로 영화를 만들면 재미가 없다. 이렇게 재미도 없고 내용도 대동소이한 영화를 보면서 예술은 주제가 중요하다는 사실을 깨닫는다.

영화를 보면서 "다음에 영화를 만들면 절대 학교 폭력으로는 만들지 않을 거야."라는 말이 저절로 나온다. 그러면서 동시에 같은 학교 폭력으로 만든 영화라도 자신들이 만든 것과 다른 차원의 작품도 보게 된다. 예를 들면, '학교 폭력으로 친구가 자살하고, 남아 있는 친구들이 후회한다'라는 뻔한 주제를 풀어놓는 모둠이 대부분이지만, 그중에는 학교 폭력으로 자살한 친구의 장례식장에 가서 눈물을 흘리고, 장례식장을 나서며 웃음 띤 눈으로 관객을 빤히 쳐다보는 클로즈업된 눈으로 끝나는 영화도 있다.

이 영화를 본 친구들은 "깍~~!" 하고 소리를 지르기도 하고, "뭐야? 이게 끝이야?"라고 말하기도 한다. 하지만 이 영화의 주제인 '학교 폭력의 다음 피해자는 너일 수 있다.'는 평범한 이야기를 색다르게 풀어내는 영화를 통해 평범한 이야기라도 어떤 엔딩이냐에 따라 관객들에게 주는 감동이 다르다는 것을 알아차린다. 그러면서 "선생님! 끝이 꼭 좋지 않아도, 나빠도 감동을 줄 수 있네요."라고 말한다. 권선징악을 그대로 표현하면 구태의연한 잔소리가 된다는 것을 알게 되고, 다른 방식의 표현으로 감동을 줄 수 있다는 것도 배운다. 이런 것들이 바로 창의력이란 것을 상영회를 통해 깨닫는 것이다. 그래서 학급 상영회는 중요하다. 자신들의 실수를 통해 수업만으로는 배울 수 없는 생생한 깨달음을 얻기 때문이다.

그래서 아이템을 잡거나 시놉시스, 시나리오를 쓸 때 학생들이 잘못된 길을 가도 교사가 굳이 개입할 필요가 없다. 실패의 경험은 성장의 큰 바탕이며, 실패한 경험을 통해 얻는 배움은 또 다른 도전을 해야 할 때 기꺼이 용기를 낼 수 있게 한다. 교사의 잘 다듬어진 수업이 학생들에게 큰 깨달음을 주지 못하는 것도 그런 이유이다. 학생들은 실패도 경험해봐야 하는 것이다.

다음의 활동지는 영화 상영 후 함께 작성해서 발표한 것이다. 이 과정에서 학생들은 친구들의 작품을 꼼꼼히 분석하고, 이런 과정에서 자신들의 작품도 성찰한다. 학급 상영회에서는 작품 감상과 함께 단편영화제에 출품할 작품을 선정한다. 단편영화제 진출 작품은 처음 받은 파일대로 상영해도 되지만, 다시 편집하거나 학급 상영회에서 친구들에게 받은 피드백을 적극 반영하여 보완할 수 있게 하면 좋다. 학급 상영회에서 단편영화제까지는 시간이 있고, 그 시간을 이용하여 보완 작업을 하는 과정에서 더 많은 배움을 얻을 수 있다. 단편영화제를 통해 학생들 역시 많은 고민과 성찰이 더욱 좋은 작품을 만든다는 것을 배운다.

창의융합 프로젝트	반	번호		이름		영화 활동지 18
주제 : 영화로 세상을 만나다				학급 상영회		

※ 이번 시간은 '영화 감상하기'입니다.

학급 상영회에서 상영하는 영화를 감상하며 평가해봅시다. 친구들이 만든 영화에서 배울 점은 무엇인지, 각각의 항목을 자세하게 작성하며 감상합시다.

모둠	영화 제목	평가					잘된 점	아쉬운 점	감상평
		주제	영상미	음악	연기	편집			

영화제를 위한 프로젝트 수업

영화 프로젝트 수업 이후 영화제를 기획하여 진행한다면 이것도 다른 교과와 창의융합 수업으로 진행하는 것이 좋다. 학급별 영화제를 할 시기가 되면 미술 시간에 영화를 만든 모둠이 자신들이 만든 영화에 대해 알리는 포스터를 제작한다. 만들어진 포스터는 복도에 붙이는데 이는 다른 친구들에게 자신들이 만든 영화를 알리려는 목적이다. 자신들이 만든 영화를 알리는 포스터를 제작하며 어떤 사진을 쓸 것인지, 어떤 그림을 사용할 것인지, 어떤 문구로 어떻게 알리는 것이 효과적일지 고민한다. 그 과정을 통해 머릿속에 영화가 하나의 작품으로 들어오게 된다. 자신들이 만든 영화를 짧게 설명하는 과정을 통해 영화 제작에 대한 성찰도 한다.

다음은 포스터 제작을 위한 미술 활동지다. 미술과 융합 수업을 한다면 미술 교과에서 포스터를 제작한다.

이번 수행활동의 주제	- 포스터의 특징과 필요성을 알고 이야기할 수 있다. - 1년 동안 배운 다양한 기법을 활용하여 영화 포스터 제작을 위한 아이디어 를 구상할 수 있다.

1. 포스터를 제작하는 이유나 포스터의 필요성은 무엇일까요? 포스터 제작 시 유의점을
참고하여 함께 이야기해봅시다.

2. 우리 영화의 주제를 설명해봅시다. 영화의 시사점, 교훈, 전개 등을 이야기해봅시다.

3. 우리 영화를 위한 포스터 제작을 할 때 필요한 이미지는 무엇인지 함께 분석해보세요.

영화 포스터 아이디어 구상 계획	
영화 제목	
표현 기법 및 재료 (주제를 어떻게 표현할 것인가?)	

아이디어 스케치하기

다음은 학급 상영회에서 상영될 영화를 알리는 포스터들이다. 이 작품들 중에서 좋은 작품들이 학년 영화제에 출품된다. 학급 상영회이기에 주로 자신들 반 앞 복도에 게시된다.

미술 시간에 아이들이 만든 영화 포스터

영화 제작 episode ③

창의력은 만들어지는 것이다

모 중학교에 순회 갔던 수업에서 단편영화를 만들 때의 일이다. 시놉시스를 걷어서 읽는데, 세상에나! 대부분 모둠에서 학교 폭력이라는 주제를 다루고 있었다. 한 반에 학교 폭력이 아닌 것으로 영화를 만들 모둠은 딱 한 팀 정도에 불과했다. 장곡중학교에 근무하면서 한 번도 경험하지 않았던 일이라 몹시 당황스러웠다. 어떻게 '영화' 하면 당연히 학교 폭력일까?

더 심각한 일은 그 영화 대부분이 학교 옥상으로 올라가 자살로 끝을 맺는 스토리라는 것이었다. 중학생, 얼마나 할 말이 많은 시기인가? 그런데 하나같이 학교 폭력으로 영화를 만들겠다니 기가 막힌 일이었다. 장곡중학교에서 영화를 만들면 모둠 수만큼 다채로운 주제가 나왔다. 설령 학교 폭력으로 영화를 만들겠다는 모둠이 있더라도 그 수는 한 반에 하나도 드물었다.

앞의 포스터에서도 보듯이 자신들이 세상에 하고 싶은 이야기를 영화로 만들면 된다. 학교 폭력을 하지 말자고 귀에 못이 박히도록 들은, 너무 당연한 이야기를 영화로 만들겠다는 학생들을 보면서 창의력이 어떻게 만들어지는지를 생생하게 깨달

있다. 대한민국 청소년의 대부분이 영화를 만들라고 하면 학교 폭력을 생각한다. 그것이 학생들의 잘못일까? 아니면 학생들에게 기회를 주지 않은 교사들의 책임일까? 학생들은 수많은 경험을 통해 실패하고, 실패를 통해 성장한다. 다양한 경험 속에 자신의 생각이 만들어지고 그 만들어진 생각이 창의력이란 것을 다른 학교 학생들을 가르치며 배웠다.

학년 영화제

학급 상영회가 평가의 성격이라면 학년 영화제는 행사의 성격을 띤다. 학급에서 선정된 좋은 작품을 모아서 동시에 상영하고, 학년 전체가 친구들이 만든 영화를 감상하며 또 한 번 성장의 기회를 갖는다. 다른 반 친구들이 만든 영화 속에는 자신들이 미처 생각하지 못했던 창의적인 장면과 촬영 기법이 있다. 또한 좋은 시나리오도 있기 때문에 교사가 비교하지 않아도 아이들 스스로 자신들이 만든 영화와 비교하며 더 크게 배우고 성장한다.

학년 단위의 큰 영화제는 전체 학급에서 우수작 한두 편을 선정해 상영하고, 전체 학생이 관람하기 때문에 학급 영화제보다 행사의 규모가 더 크다. 학생들은 자신이 만든 영화에 대한 궁금증이 크다. 자신들이 만든 영화에 출연하는 배우는 친구들이거나 동네 어른들, 학교 교사들이며, 엔딩 크레디트에 올라가는 사람들의 이름도 모두 안다. 따라서 재미가 있든 없든 학생들은 몰입해서 영화를 보고 좋아하며 반응도 크다.

영화제는 축제 때 영상제로 행사를 기획해도 좋고, 따로 영화제를 기획해서 진행해도 좋다. 축제 때 영상제로 하려면 1학기에 영화 프로젝트 수업을 해야 가을 축제 때 할 수 있다. 자유학기제나 학년 말 프로젝트 수업으로 기획하면 방학에 가까운 날짜 중 하루를 정해서 단편영화제를 하면 된다. 학교에서 단편영화제를 할 생각이 있다면 다음의 순서대로 하면 무리가 없다. 교사의 잡무는 최소한으로 하면서 학생들이 직접 만들어가는 영화제를 꾸릴 수 있다.

먼저, 학년에서 단편영화제를 추진할 위원회를 꾸린다. 진행위원은 영화제 진행위원 모집 공고를 내고 신청한 학생들에게 영화제 제작에 대한 기획과 진행, 평가까지 하게 하고 잘 실행될 수 있도록 교사는 지원하는 방향으로 한다.

보통 위원회를 꾸려놓고 교사가 일을 다 하면서 학생들에게는 자질구레한 심부름을 시키는 경우가 많은데, 그렇게 할 바에는 교사가 알아서 다 하는 것이 오히려 낫다. 위원회를 꾸려놓고도 쓸데없는 일 주려고 애만 쓰고, "우리 뭐 해요?"라는 질문에 답하다가 시간만 다 가고, 교사가 할 일만 쌓여간다. 그렇다고 위원회만 꾸려놓고 "너희들이 다해." 하고 손을 놓고 있으면 아무것도 진행되지 않는다. 위원회를 구성했으면 위원들에게 구체적으로 할 일을 주고, 일을 진행하도록 지원해야 한다.

위원회가 구성되면 위원들을 소집한 후 어떤 일을 해야 할지 의견을 모아서 할 일을 정한다. 학생들은 처음 회의에서는 막연해서 아무 말도 하지 않지만, 일을 진행하는 과정에서 일에 대한 윤곽이 잡히기 시작하면 다양하고 창의적인 의견을 내놓기 시작한다. 그럴 때 교사는 그 일이 실제로 진행될 수 있도록 도와주면 된다.

보통 위원회에서 하는 일은 다음과 같다.

1. 영화제 포스터 제작하기

자신들이 그리기보다는 그림을 잘 그리는 학생들을 조직하여 포스터를 여러 장 그리도록 부탁한다. 다음 사진은 영화제를 알리는 포스터들이다. 영화제가 열리는 날짜와 시간, 장소 등의 정보가 반드시 들어가야 하고, 영화제의 주제를 정해서(이 영화제의 주제는 '소통'이었다.) 포스터를 제작하면 영화제를 진행하는 목적도 함께 생각해볼 수 있어 좋다.

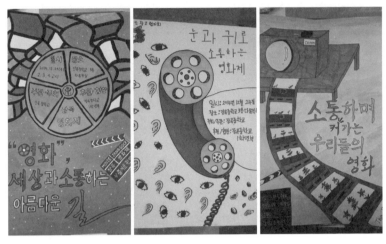

영화제를 알리기 위하여 학생들이 만든 포스터들

2. 제작한 포스터 부착하기

친구들이 제작한 포스터는 영화제 진행위원들이 붙여도 좋고, 다른 친구들에게 포스터를 붙이도록 부탁할 수도 있다. 영화를 자신들의 학교 외에 인근 학교 친구나 동네 주민, 학부모들에게 상영하고 싶다면 포스터와 초대장을 그려서 포스터는 동네에 붙이고, 초대장은 각 가정에 돌리면 된다. 초대장은 그림을 잘 그리는 친구와 글 잘 쓰는 친구들을 조직하여 만들게 한 후 복사하여 필요한 사람에게 준다.

학생들의 영화 속에는 자신들의 경험이 재구성되어 자연스레 녹아든다. 누구에게도 말하지 못했던 슬픔이나 아픔이 영화 속에 드러나는데, 그것을 만드는 동안 아픔과 슬픔이 치유되며 객관적 인

식으로 자리 잡는 경험을 한다. 그리고 상
영이라는 단계를 거치며 관객에게 공감을
받고 상처가 치유된다. 글을 쓰는 작업도
이런 과정을 거치지만 글은 선뜻 쓰게 되
지 않는다. 반면, 영화는 친구들과의 협동
작업을 통해 나의 이야기가 아닌 우리의
작품으로 구성되기에 비교적 쉽게 표현된

동네 문구점에 붙인
영화제 포스터

다. 그래서 영화 수업을 마치고 나면 학생들이 훌쩍 성장해 있는 것
을 발견한다.

오른쪽 사진은 동네 문구점에 게시된 영화제 포스터이다. 영화제
준비위원회 학생들이 동네 가게를 돌아다니면서 포스터를 붙여도 되
는지 허락을 받는다. 이 과정에서 학생들은 마을과 소통하게 된다.

3. 영화제가 열리는 장소 꾸미기

영화제를 준비하는 과정에서 영화제 준비위원들이 장소 꾸미기
를 하였다. 포스터 부착과 함께 영화 작업을 한 학년이 있는 복도
와 영화제가 열리는 장소를 특별하게 꾸민다. 학년 말이라면 크리
스마스 분위기를 함께 느낄 수 있게 다양한 소품 등을 활용할 수도
있고, 종이접기 등을 이용하여 장식할 수도 있다. 풍선과 같은 것을
활용하여 영화제가 열리는 장소를 장식하기도 한다.

복도 천장을 종이접기로 장식해 영화제가 열리는 특별한 장소임을 알리고 있다.

위의 사진은 영화를 제작한 학년 복도를 종이접기를 활용하여 장식한 모습이다. 복도 양 옆에는 학급 영화제에서 상영되는 영화 포스터가 부착되어 있고, 복도 천장에 종이접기 장식이 매달려 있다.

4. 영화제 장소 구하기

보통은 학교의 시설을 활용한다. 시청각실이나 다목적실 등 학년 전체가 관람할 수 있는 장소를 정하고, 사용에 대해 담당 선생님과 협의하여 장소를 확정하고 방송 시설을 점검한다. 학교 안 상영 시설이 여의치 않을 경우 교사의 도움을 얻어 인근 주민자치센터나 청소년수련관, 시청·구청 등이 소유한 대규모 홀 등을 대여할 수 있다. 이런 경우에는 교사와 함께 대여할 장소의 담당자를 방문하여 대여하고, 상영할 장소를 어떻게 꾸밀 것인지 논의한 후 결정한 대로 진행한다. 플래카드나 영화 상영 순서표를 미리 뽑아 장소에 붙이고 방송 시설 점검도 미리 이루어져야 한다.

영화제의 경우, 학교 시설보다는 학교 근처 영화관을 대여하여 상영할 것을 권한다. 자신들이 만든 영화가 진짜 스크린에서 상영되고, 사람들이 자신들이 만든 영화를 보고 감동하는 것을 본 학생들은 자신이 어떤 것을 했을 때 행복한지를 깨닫고 그 방면으로 진로를 잡기도 한다. 학교가 다양한 교육과정으로 학생들에게 체험과 활동을 줄 때 학생들은 그 속에서 성장하고 행복한 삶을 기획할 수 있다고 생각한다. 교과서만으로는 이런 것들을 주는 것이 한정적이고 어려울 뿐 아니라 과정 평가도 어렵다.

5. 영화제 프로그램 만들고 팸플릿 제작하기

영화제를 진행할 프로그램을 만든다. 단순히 영화만 상영하는 것보다 영화제라는 이름에 어울리는 다양한 프로그램을 생각해서 순서를 정한다. 학교에 댄스팀이나 밴드, 노래를 잘하는 친구들이 있다면 영화제 준비위원들이 미리 섭외하여 춤이나 노래 등을 영화제 프로그램으로 넣는다.

팸플릿은 영화제 준비위원장의 인사말과 영화제가 열리는 장소와 시간, 영화제에 출품된 작품의 이름과 만든 친구들의 이름 등을 내용으로 구성한다. 내용이 정해지면 예쁘게 편집하여 색지에 출력하면 훌륭한 팸플릿이 된다. 이 팸플릿은 영화제 당일 입장한 사람들에게 나눠준다. 다음은 팸플릿 사진이다.

6. 식전 행사 준비

영화제 때 영화 상영 이외에 식전 행사로 춤이나 노래 등의 공연이 있으면 더욱 멋진 영화제가 된다. 그러기 위해서는 춤과 노래 공연을 할 출연자들을 미리 섭외하고 공연 순서를 짠다.

7. 영화제 진행자 정하기

영화제를 진행할 진행자를 정한다. 진행자는 영화제 준비위원이 할 수도 있고, 친구들 중에 사회를 잘 보는 친구를 섭외하여 할 수도 있다. 매끄러운 진행이 중요하므로 진행을 잘 보는 사람이 하는 것이 가장 좋다. 진행자가 정해지면 사회를 볼 시나리오를 작성하고 여러 번 검토하여 고쳐 쓰기를 한다. 사회자 진행 멘트는 여러 번 연습하여 당일 날 긴장해도 어색하지 않게 말할 수 있도록 준비한다. 멘트를 두꺼운 종이에 써둔 뒤 진행 당일 손에 들고 보면서 하면 실수가 적다.

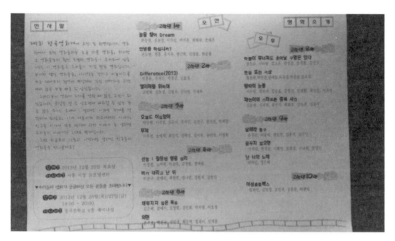

팸플릿 앞면

팸플릿 뒷면

영화제 시사회를 진행하는 아이들

8. 작품평 하기

영화감독이나 영화 제작을 하는 사람을 섭외하면 좋은데, 그럴 만한 사람이 없다면 주변에서 적임자를 찾아 작품평을 부탁한다. 그 사람이 영화제에서 작품평을 하는 것을 허락하면 영화제 일시와 장소를 알려 참석할 수 있도록 하고, 영화제 전날 전화를 해서 반드시 올 수 있도록 챙긴다. 미리 상영할 작품을 전달해서 작품평을 풍부하게 할 수 있도록 하면 더욱 좋다.

작품평을 하는 사람이 영화 일을 하는 사람이라면, 이런 기회를 활용하여 영화에 대해 깊이 아는 기회로 만들면 좋다. 영화제 당일 친구들에게 감독에게 묻고 싶은 질문 등을 조사하는 판을 세워서 관객들을 영화제 속으로 깊이 끌어들이면서 동시에 영화에 대해 궁금했던 사항을 감독에게 직접 듣는 기회를 만들 수 있다.

다음 사진은 학생들이 감독에게 묻고 싶은 질문을 미리 준비한 포스트잇에 직접 써서 판에 붙이고 감독과 대화를 풍부하게 했던 장면의 사진이다.

학생들이 궁금한 점을 감독에게 묻는 시간

9. 심사위원 구성하기

영화제에서 어떤 상을 줄 것인지 정한 다음 수상작을 뽑기 위한 심사단을 구성해야 한다. 상은 영화제 준비위원회에서 정한다. 예를 들면, 대상과 금상, 은상과 같이 정해도 되고 여기에 주연상, 조연상, 감독상, 촬영상, 편집상 등 역할에 따른 상을 정할 수도 있다. 행사 당일 입장한 사람들이 관람 후 휴식 시간을 활용하여 스티커를 붙이게 하며 가장 재미있었던 영화를 뽑아서 시상할 수도 있다. 심사단 구성은 담임교사가 아닌 교사나 학부모 등에게 부탁하고 심사표도 만든다.

옆쪽 사진은 영화제 심사단의 모습이다. 교장, 교감 선생님, 학년부장 선생님 등이 심사를 하고 있다. 총평을 하는 감독과 심사단의 점수를 합해서 시상한다.

수상작을 뽑기 위해
구성된 심사단

10. 상장 및 트로피 마련하기

상장을 줄 것인지, 트로피를 줄 것인지 정한 후 마련하여 영화제 당일 시상한다. 상장의 내용도 영화제에 맞게 영화제 준비위원회에서 만들어서 시상하면 더욱 의미를 깊게 할 수 있다. 트로피의 경우 받은 학생들이 '일생을 살며 단 하나 받은 트로피'라면서 몹시 좋아한다.

다음은 학년 말 프로젝트 수업으로 만든 영화를 영화제로 기획하고 진행했던 계획서이다.

제2회 장곡영화제 – '열네 살, 영화로 세상과 소통하다'

1. 운영 목적

가. 영상 매체를 통하여 학생들의 삶과 고민을 표현하고 이를 발표하는 과정을 통해 새로운 경험을 제시해준다.

나. 학생들이 만들어가는 영화제를 통해 학생 자치를 구현하고 포스터 및 초대장 제작 등 영화와 관련한 다양한 직업 세계를 체험할 수 있다.

다. 영상 관련 동아리 활동을 통해 자신의 소질과 적성을 찾아내어 진로, 진학 선택에 도움을 받고 서로 협력하여 새로운 것을 만들어가는 창작의 즐거움을 경험한다.

2. 운영 방침

가. 심사위원단을 구성하고, 영화제의 기획, 준비, 진행을 담당한다.

나. 작품상 시상을 통해 학생들의 성취 동기를 높인다.

다. 심사위원단 구성:1학년 교과 담당 교사 중 비담임교사, 독서지도사, 외부 강사(영화과 재학)

라. 후보작 중 우수작 5편을 선정한다.

마. 정원의 5% 이내에서 교과통합 우수상을 시상한다(영화 부문, 포스터 부문).

바. 행사 중 생활지도와 학생 안전사고 예방에 최선을 다한다.

사. 사후 평가회를 통해 이후 학교 계획에 발전적으로 반영한다.

3. 운영 계획

가. 행사명 : 제2회 장곡영화제(영상 동아리 발표회)

나. 일시 및 장소

　　1) 일시 : 2014년 12월 24일(수) 2~4교시

　　2) 장소 : 본교 다목적실(5층)

다. 주제 : '열네 살, 영화로 세상과 소통하다'

라. 참석 대상 : 1학년 전체

마. 운영 방법

　　1) 12월 24일 2~4교시를 활용하고 교과 담당 교사 임장을 원칙으로 한다.

　　2) 각반 담임교사와 단편영화 프로젝트에 참여한 교과(국어, 기술, 음악, 과학, 미술)에서 학급별 1~2작품을 추천하여 후보작으로 올린다.

　　3) 추천작을 중심으로 2, 3교시에 각각 상영하고 심사단이 실시간으로 심사한다.

　　4) 출품작 중 5팀을 선정하여 시상함 - 각본상, 편집상, 감동상, 연기대상, 인기상

5) 세부 계획

차시	시간	일정 안내
	10:00 ~ 10:10	다목적실 집합 완료
2교시	10:10 ~ 10:20	출석 확인 및 관람 태도 교육
〃	10:20 ~ 10:30	오프닝 공연(댄스반 공연)
〃	10:30 ~ 10:55	영화 상영 1부
3교시	11:05 ~ 11:50	영화 상영 2부
4교시	12:00 ~ 12:30	1학년 관현악반 축하 공연, 예비 영화감독과의 만남 및 심사위원 심사평
〃	12:30 ~ 12:45	시상식, 수상자 소감 듣기

4. 평가 계획

사후 평가회를 통해 이후 학교 계획에 발전적으로 반영한다.

가. 일시 : 2014년 12월 30일(월) 15:30~17:00

나. 장소 : 1학년 교무실

다. 참가 대상 : 1학년 교과 담당 교사 및 동아리 담당 교사

5. 기대 효과

가. 영상물 제작 과정을 통해 서로 협력하고 배려하는 마음의 중요성을 깨달을 수 있다.

나. 자신들의 고민 및 사회적인 문제를 영상물로 제작함으로써 문제점을 한 번 더 고민하게 되고 이에 대한 해결책을 함께 마련할 수 있다.

다. 영상물을 제작하고 발표하는 과정 속에서 자신의 숨은 역량을 발견하고 영화와 관련된 다양한 직업을 간접적으로 경험해볼 수 있다.

라. 결과물을 발표하는 기회를 통해 함께하는 즐거움과 성취감을 맛볼 수 있다.

제2회 장곡영화제 심사표

2014. 12. 24.   심사자   (인)

시상 팀		각본상, 편집상, 감동상, 연기대상, 인기상						
1학년	5팀							
연번	학년 반	모둠원	작품 제목	심사 기준			총점	순위
				주제 표현 (40)	영상 기술 (30)	예술성 (30)		
1	1-7	김○○, 임○ ○, 권○○, 김 ○○, 이○○, 강○○	시험 트라우마					
2	1-2	전○○, 정○ ○, 황○○, 문 ○○, 배○○, 홍○○	everyday					
3	1-10		양면 색종이					
4	1- 4		이상호의 성공기					
5	1-9		친구 간의 의리					
6	1-1		데이트 메이트					
7	1-3		어른들이 모르는 이야기					
8	1-8		상처 많은 꽃이 더 아름답다					
9	1-6		은밀하고 은밀하게					
10	1-5		내가 벙어리면 넌 강제 전학이야					
11	1-7		극과 극					
12	1-2		그 가을 어느 날					

다른 학교 친구나 학부모에게 영화 감상의 기회를 주려고 동네에 영화제 포스터를 부착했다면, 동네 사람들을 위해 방과 후 학교에서 상영회를 하면 좋다. 이렇게 할 때는 포스터에 영화 상영 날짜와 시간을 적어서 알린다.

동네 영화제에 사람들이 오지 않을 것 같지만 해보면 의외로 많은 사람들이 찾아온다. 주로 상영작의 관련자들, 곧 연출자와 배우의 친구, 부모님, 형제들, 선후배인데 이런 행사를 통해 학생들은 자신이 만든 영화를 주변 사람들과 함께 보는 계기가 된다.

이때 사람들을 위한 팸플릿은 학교 영화제에서 썼던 것을 수정해서 사용하는데, 수상작을 표시해서 보러 오는 사람들에게 알리는 것도 좋다. 스티커를 활용하여 가장 좋았던 영화에 투표한 후 인기상을 줄 수 있다. 학교에서 인기 있는 작품과 동네에서 인기 있는 작품이 다를 수 있다. 이런 경험을 통해 학생들은 같은 작품도 관객에 따라 감상이 달라질 수 있다는 것을 깨닫게 된다.

4장

영화 동아리

운영하기

동아리 운영 방법

1. 동아리의 인원은 적절하게 설정해야 한다

영화 동아리의 학생 수는 너무 많아도 문제고, 너무 적어도 문제다. 4명 이하로 떨어지면 영화 동아리에서 할 수 있는 선택지가 많이 줄어든다. 또 학생 한 명이 영화 제작에서 부담해야 하는 일이 많아져서 영화 제작 자체가 학생들을 괴롭히는 경우가 생긴다. 한 명의 학생이 두세 명분의 일을 해야 영화를 제작할 수 있는 것이다. 반대로 학생 수가 너무 많으면 학생 한 명이 해볼 수 있는 일이 상대적으로 적어진다. 한정된 시간 안에 일정을 소화하기가 어려워서 팀 작업 위주로 활동하기 때문이다. 영화는 분명 공동 작업이지만 그 속에 개인 작업도 있다. 나만의 시나리오를 쓰고, 나의 영화를 만드는 것이 영화 제작이기 때문이다.

그렇기 때문에 영화 동아리는 5~10명 사이의 인원을 유지하는 것이 좋다. 가장 이상적인 숫자는 7명이라고 생각한다. 개개인이 각자의 영화를 찍어볼 수 있으면서 학생 한 명이 부담하는 일이 너무 많지 않은 인원수이다. 그래서 동아리 인원수가 너무 적을 때는 영화 동아리를 홍보해서 학생 수가 늘어날 수 있게 해야 하고, 반대로 너무 많을 때는 1~2팀으로 적정수가 될 수 있도록 팀을 분리하거나 인원수에 제한을 두는 것이 좋다.

2. 활동의 마지막은 대화로 끝나야 한다

영화 동아리에는 다양한 학생들이 모인다. 나이도, 학교도, 동아리에 들어온 목적도 다를 수 있다. 그러다 보니 학생들 간에 서로를 이해하기 어려워하는 거리감이 생긴다. 영상을 전공하려고 영화 동아리에 들어온 학생과, 그냥 재미있어 보이고 달리 할 것이 없어서 들어온 학생은 분명 태도가 다르니 말이다.

영화 제작은 결국 이 모든 학생이 함께 작업해야 하는 공동 작업이다. 하나의 영화를 만들려면 여러 명의 학생이 서로에게 도움을 주고, 본인이 맡은 일을 수행해야 한다. 그러기 위해서는 다른 학생들과 끊임없이 소통하고 부딪쳐야 한다. 설사 내가 저 친구를 싫어하더라도 얼굴을 맞대고 같이 작업해야 하는 것이다. 이 점은 학생 영화만이 아니라 다른 모든 영화 제작 현장이 다 똑같다. 그렇기 때문에 영화 동아리에서는 학생들이 가지고 있는 거리감을 줄이는 일이 중요하다. 결국 나는 저 친구가 필요한 사람이라는 것을 인정하고, 그 친구와 함께할 수 있는 방법을 찾아야 한다.

모든 활동 끝에는 서로의 의견이나 생각을 나눌 수 있는 반성회, 피드백, 회의 등의 과정이 반드시 있어야 한다. 학생들끼리 이런 대화의 과정을 거치면서 이 친구는 어떤 생각을 가졌는지 파악하게 되기 때문이다. 단순히 활동만 해서는 안 된다. 나도 매일 피드백까지 하다 보면 원래 끝마쳐야 하는 시간을 한참 넘기고 만다. 그렇게 학생들을 붙잡고 있다 보면 학부모들한테 계속 전화가 온다. 그래도 빼먹거나 넘기지 말고 꼭 피드백하는 것까지 해야 한다. 그렇지 않으면 그 친구는 왜 그런 생각을 했는지 서로 무척 궁금한 채 활동이 넘어가게 되기 때문이다.

3. 영화 동아리 교사도 영화를 배워야 한다

영화 동아리를 하는 동안 교사는 최대한 많은 영화를 보려고 노력해야 한다. 여러 영화를 보면서 좋은 부분과 나쁜 부분을 구분할 수 있는 눈을 길러야 한다. 그래야 학생들이 가져온 결과물에 대해 피드백을 할 수 있다. 학생이 찍어온 컷이 있다면 이 컷에서 좋은 점은 어떤 부분인지, 고쳐야 될 부분은 어떤 것인지 짚어줄 수 있어야 한다. 영화에는 교과서가 없다. 잘 만든 한 편의 영화가 교과서와 같은 역할을 하기 때문이다.

교사도 동아리 학생들과 함께 영화를 공부해야 한다. 실습 활동 때 학생들과 함께 활동해보는 것도 좋은 방법이다. 학생들만 자기 소개 영상을 만드는 것이 아니라 교사도 같이 만들어보는 건 어떨까? 모든 활동은 직접 해보기 전까진 어떤 과정을 통해 결과물이 완성된 것인지 이해하기 어렵다. 자기소개 영상을 만들 때는 어떤 생각과 고민을 하는지 직접 해보면 알 수 있을 것이다. 학생들에게도 같이 영상을 만드는 선생님이 더 가깝게 느껴질 것이다. 만약 영화 동아리를 하려고 하는데 영화에 대한 경험이 전혀 없다고 걱정할 필요는 없다. 학생들과 함께 도전하면 된다.

4. 영화 동아리는 언제든 영화를 볼 수 있어야 한다

영화 동아리에서 영화란 다다익선이다. 많이 보면 볼수록 도움이 된다. 그렇기 때문에 영화 동아리 내에는 영화를 볼 수 있는 시스템이 마련되어 있어야 한다. 여러 사람이 볼 수 있는 큰 모니터와 스피커, 영화를 재생할 수 있는 컴퓨터가 동아리 방에 필요하다. 이렇게 시청각 시스템을 마련해놓으면 동아리 활동 때도 여러모로 유용하게 활용할 수 있다.

영화 동아리 공용의 외장하드가 있다면 서로 가지고 있는 영화를 공유하는 것도 좋다. 서로 영화를 공유하면 각자의 취향에 따른 다양한 장르의 영화를 추천받을 수 있다. 외장하드가 없다면 공용 클라우드 같은 것을 만들어서 사용하면 된다.

동아리 방은 동아리 학생이라면 언제든지 사용할 수 있는 편이 좋다. 심심하거나 할 일이 없을 때 '영화나 한 편 볼까?' 하는 기분으로 학생들이 이용할 수 있을 정도로 말이다. 이렇게 해두면 학생들도 자주 영화를 찾아볼 수 있고, 그렇게 한 사람이 영화를 찾아보기 시작하면 다른 학생들도 같이 영화를 보게 된다. 영화와 학생이 가까워지고 학생과 학생도 가까워질 수 있다.

학생들과
영화 동아리 커리큘럼 만들기

영화 동아리를 맡았던 첫해에는 혼자서 커리큘럼을 짜고, 동아리를 진행했다. 학생들이 생각했던 것과는 다른 수업으로 진행되자 하고 싶었던 것이 따로 있었던 몇몇 학생들은 동아리에 대한 흥미를 잃었고, 점차 동아리 활동에 나오지 않았다. 떠나가는 학생들을 보면서 아쉽고, 또 남은 학생들도 만족할 수 있는 동아리를 하고 싶었다. 이에 대한 방안을 생각하던 중 '학생들과 함께 커리큘럼을 짜는 건 어떨까?' 하는 마음이 들었다. 그것을 시도하려는데 마침 다음 해에 맡게 된 수업이 '학생이 만드는 꿈의 학교'였다. 해당 프로그램에서 요구하는 것도 학생들과 선생님이 함께 커리큘럼을 짜고 수업을 만들어가는 방식이었기 때문에 기회를 '꽁'으로 주는구나!라고 생각하며 학생들을 만났다. 그렇게 학생들과 '영화 동아리에서 무엇을 배우고 싶고, 무엇을 하고 싶은지' 함께 이야기하고, 이것을 토대로 커리큘럼을 짰다.

함께 커리큘럼을 짜고 난 후 학생들은 훨씬 적극적으로 활동에 참여했다. 당연한 일이었다. 학생들 입장에서는 본인이 배우고 싶었던 부분을 배우고, 해보고 싶었던 활동을 하게 된 것이다. 적극적으로 참여하는 학생들을 보면서, 강사인 나도 같이 활동에 적극적으로 참여하게 되었다. 어느샌가 동아리 활동을 하면 학생들도 나도 열띤 분위기를 만들게 되었다. 동아리의 기분 좋은 변화를 느끼면서 다음 해에도 계속 학생들과 커리큘럼을 같이 짜야겠다고 생각했다.

학생들과 만나 커리큘럼을 짤 때 가장 먼저 하는 일은 학생들에게 동아리 활동 기한을 알려주는 것이다. "앞으로 5월에 시작해서 11월 말에 수업이 끝날 예정인데, 우리가 일주일에 하루 3시간 정도 만난다고 할 때, 앞으로 ○○시간 동아리 활동을 할 수 있다."라고 처음 간략한 수업 일정을 알려준다.

이렇게 일정을 알려주는 가장 큰 이유는 학원 때문이다. 사실 학원은 동아리 활동에 가장 애를 먹이는 골칫거리 중 하나이다. 동아리 활동은 학교 수업과는 달리 참가에 강제성이 없기 때문에 학생들이 학원에 가야 한다고 중간에 동아리를 아예 나가는 일이 허다하다. 그래서 막상 첫날에는 10명이 넘는 학생이 왔다가도 중반을 지나면 대여섯 명 정도만 남는다. 물론 이 중에는 다른 이유로 나가는 경우도 있지만, 체감상 90퍼센트 이상이 학원 문제로 빠지곤 한다.

문제는 중간에 한 명이 빠져나가면 전체적인 커리큘럼에 큰 차질이 생긴다는 점이다. 학생이 10명 있으면 30분이 넘는 학생 영화 기준으로 긴 편인 단편영화를 시도해볼 수 있지만, 5명의 학생으로는 사실상 거의 불가능하다. 사람이 너무 적어서 한 사람이 과도하게 많은 책임과 업무를 맡아야 하기 때문이다. 이처럼 영화 제작에서 사람 수는 무엇보다 중요한 요소다. 그렇기에 먼저 학생들에게 '앞으로 동아리에 얼마만큼 시간을 쏟아야 하는가'를 알려주고, 자신이 앞으로 동아리 활동이 가능한지, 불가능한지를 물어보는 것이 가장 먼저 해야 할 일이다.

그렇게 동아리에 참여할 수 있는 충분한 시간과 생각이 있다는 것을 학생들이 알려주면 이제 학생들에게 무엇을 하고 싶은지 묻는다. 이 '무엇'을 결합해서 영화 동아리가 앞으로 진행할 목표를 하나 정하면 비교적 커리큘럼을 짜기가 쉽다. 이때 보통 "영화를 만들어보고 싶다."라는 대답이 학생들에게 나오는데, 기본적으로 영화 동아리의 전제 중 하나는 영화를 만드는 것이기 때문에 이를 동아리의 목표로 삼기는 어렵다. 이보다 더 명확하고 구체적인 목표가 필요하다.

학생들에게 단순히 영화를 만드는 것 말고, 영화 동아리에서 해보고 싶은 활동이나 배우고 싶은 부분, 아니면 찍어보고 싶은 영화의 장르가 따로 있는지를 물으면 몇 가지 답이 나올 것이다. 내가 자주 들었던 이야기는 '편집이나 촬영에 대해 배우고 싶다.'거나 '미스터리 호러 장르를 찍어보고 싶다.'거나 '애니메이션을 만들어보고 싶다.' 등이었다. 이렇게 하고 싶은 것들을 나열하다 보면 해당 동아리의 전체적인 성향이 보이기 시작한다.

다 같이 회의하는 기분으로 학생들과 대화를 하다 보면 학생들 스스로 이런 방향으로 동아리 활동을 했으면 좋겠다는 것을 자연스레 내보이곤 한다. 다양한 장르의 영화를 찍어보고 싶다거나 학교 수업에서 친구들이랑 만드는 것보다 좀 더 전문적으로 진지한 내용의 영화를 만들었으면 좋겠다는 학생들도 있고, 개인별 영화 연출이 부담스러운 학생들은 팀별 작업을 원하기도 한다. 이렇게 자연스럽게 나온 방향을 동아리의 목표로 잡으면 된다.

다음의 예시들은 2017년 시흥시 장곡동에서 동아리 세 팀의 학생들과 짰던 목표들이다.

· 응곡중학교 : 다양한 장르의 영화를 많이 찍어보면서 영화 제작에 익숙해지기
· 장곡중학교 : 영화에 대해서 자세하게 배우고, 자신이 찍고 싶은 영화를 진지한 마음으로 찍어보기
· 장곡고등학교 : 딱 한 편의 영화를 만들되, 20분이 넘는 퀄리티 좋은 영화 만들어보기

응곡중학교의 경우는 원하는 것이 가장 많았던 팀이다. 비록 대부분 학생들이 영화 제작은 처음이었지만 그만큼 해보고 싶은 것이 정말 많았다. 특히, 다양한 장르의 영화를 찍어보고 싶다는 이야기가 많이 나왔다. 그래서 수업의 목표를 '다양한 장르의 영화 만들기'로 잡고, 영화 제작이 처음인 학생들이 여러 가지 장르의 영화를 제작해보면서 영화란 어떤 것인지 경험하고, 이해할 수 있는 활동을 진행하기로 했다.

장곡중학교의 경우는 학교에서 영화를 찍어본 친구들이 많았다. 그러다 보니 학교에서 배운 영화 만들기보다 전문적이고 이론적인 부분들을 배우고자 하는 열망이 크고, 학교에서 만들었던 영화보다 좀 더 공들인 나만의 영화를 찍고 싶어 했다. 스스로가 생각했을 때 '멋진' 영화 만들기가 학생들의 목표였다.

장곡고등학교의 경우는 비교적 영화 제작에 소극적인 학생들이 많았다. 또 고등학생이다 보니 영화의 퀄리티에 욕심을 냈다. 1인 1편보다는 팀 단위의 프로젝트를 원했고, 어느 정도 이상의 퀄리티를 위해 이론 공부를 꼼꼼히 병행하기를 바랐다. 그래서 이 팀은 영화를 딱 1편만 제작하되, 제대로 각 잡고 만드는 것을 목표로 잡았다.

동아리 활동의 목표를 정할 때는 가능하면 앞으로 몇 편의 영화를 제작할 것인지 정하는 것이 좋다. 1인 1작인지, 여러 명이 한 팀으로 공동 연출할 것인지, 아니면 동아리 학생 전체가 1편만 만들 것인지 선택해야 한다. 물론 혼자 연출하고 싶은 학생이 있고, 둘이서 한 팀으로 연출하고 싶어 하는 친구들도 있을 것이다. 얼마나 찍을 것인지는 전적으로 학생들에게 달려 있으므로 학생들이 하고 싶은 대로 이끌어주면 된다. 단, 학생 수에 비해 너무 많은 양을 촬영하는 것은 지양하자. 반년 기준 1인 1작품(3분 이하의 초단편영화는 제외) 이상은 제작하기 쉽지 않은 양이다. 만들어야 하는 영화가 많을수록 학생들과 교사의 체력뿐 아니라 정신력을 많이 요구하므로 적당한 양을 지키는 것이 중요하다.

이렇게 목표와 제작할 영화의 수를 정하고 나면, 이에 맞춰 구체적인 커리큘럼을 짜면 된다. 먼저, 영화 동아리의 수업 시간은 기본적으로 한 번에 2~3시간은 필요하다. 이론 과정 없이 활동만 할 계획이라면 2시간 정도가 소요되고, 이론과 함께 활동을 진행하면 3시간은 잡아야 한다. 최소 시간이 2시간 정도이고, 이상적인 시간은 3시간이라고 생각하면 된다.

활동은 영화 촬영 직전과 촬영 때를 제외하고는 일주일에 한 번 정도가 최소 단위이다. 그 이상 자주 만나는 것은 문제가 없으나, 그 이하로 자주 못 만나면 영화 제작이 시간에 비해 많이 더뎌진다. 특히, 촬영 직전에는 장소와 배우 섭외, 시나리오 리딩, 미술 소품 준비 등 챙겨야 할 것이 많은 시기라 일주일에 며칠씩 만나게 되는 경우가 허다하다.

수업의 내용과 시기가 적절한지도 중요하다. 중간고사나 기말고사 등의 시험 기간에는 사실상 학생들이 동아리에 참여하기가 어렵기 때문이다. 그 시기 근처에 영화 촬영 날짜가 들어가지 않도록 전후의 스케줄을 조정해야 한다. 개인적으로는 '이론 수업-영화 준비-영화 촬영-중간고사-편집-영화음악 및 후반 작업-기말고사-상영회' 이런 순으로, 영화 촬영 이후에 시험 기간이 들어가는 것이 가장 적절하다고 생각한다.

영화 촬영 이전에 시험 기간이 들어가면 학생들이 시험에 치여 영화 준비에 어려움을 겪는 경우가 많다. 그래서 가능한 한 영화 촬영이 끝나는 날에서 2주 정도 뒤에 시험 기간이 걸리도록 커리큘럼을 맞추는 편이다. 이러면 학생들이 영화 촬영이라는 걱정거리를 덜고 학업에 집중하기도 쉽고, 시험이 끝나고 홀가분한 마음으로 새롭게 영화 편집에 들어갈 수 있다.

기본적으로 영화 동아리의 커리큘럼 과정은 앞서 이야기한 것처럼 '이론 수업-영화 준비(프리 프로덕션)-촬영(프로덕션)-편집과 후반 작업(포스트 프로덕션)-상영회'로 이루어진다. 그래서 각각 파트별로 시간을 어떻게 배분할 것인지를 정해야 하는데, 이 과정을 세분화하면 '이론 수업(아이템 만들기-시놉시스 쓰기-시나리오 쓰기-스태프 구성-콘티 그리기-배우·장소 섭외)-영화 준비-촬영-편집-사운드와 영상 후반 작업-상영회' 이런 순서가 된다. 이 중 촬영은 영화의 편수와 스케일에 따라 유동적으로 바뀌기 때문에 교사가 적절하게 시간을 배분해야 한다.

다음은 2017학년도 장곡중학교, 웅곡중학교, 장곡고등학교의 영화 동아리 커리큘럼이다.

장곡중학교 커리큘럼

연번	주요 활동 내용(중등반2)	운영 시간		장소
		시간	누계	
1	• 오리엔테이션 및 자기소개	3	3/54	장곡마을학교
2	• 영화 기본 이론과 용어 설명	3	6/54	장곡마을학교
3	• 영화 감상 및 분석	3	9/54	장곡마을학교
4	• 5컷 영화 만들기	3	12/54	장곡마을학교
5	• 영화제 관람 및 영화 분석	3	15/54	부천판타스틱영화제
6	• 아이템과 시놉시스 만들기(1인 1작품)	3	18/54	장곡마을학교
7	• 시나리오 쓰기	3	21/54	장곡마을학교
8	• 톤 앤드 매너와 콘티 만들기	3	24/54	장곡마을학교
9	• 제작 계획서 만들기 및 발표	3	27/54	장곡마을학교
10	• 영화 촬영 1	3	30/54	장곡마을학교
11	• 영화 촬영 2	3	33/54	장곡마을학교
12	• 제작 백서 만들기 및 발표	3	36/54	장곡마을학교
13	• 영화 편집 이론과 실습	3	39/54	장곡마을학교
14	• 개인 작품 편집	3	42/54	장곡마을학교
15	• 색보정과 사운드 믹싱	3	45/54	장곡마을학교
16	• 개인 편집 상영 및 마무리 작업	3	48/54	장곡마을학교
17	• 상영회 준비(팸플릿 및 포스터 제작)	3	51/54	장곡마을학교
18	• 총 상영회	3	54/54	장곡마을학교

연번	주요 활동 내용(중등반1)	운영 시간		장소
		시간	누계	
1	• 오리엔테이션 및 자기소개	3	3/54	장곡마을학교
2	• 자기소개 영상 만들기(1분, 1컷)	3	6/54	장곡마을학교
3	• 24초 초단편영화 만들기1(5컷 이상-사전 준비, 촬영)	3	9/54	장곡마을학교
4	• 24초 초단편영화 만들기2(편집, 상영)	3	12/54	장곡마을학교
5	• 영화제 관람 및 영화 분석	3	15/54	부천판타스틱영화제
6	• 다큐멘터리 만들기(1분 미만-사전 준비, 촬영)	3	18/54	장곡마을학교
7	• 다큐멘터리 만들기(편집, 상영)	3	21/54	장곡마을학교
8	• 애니메이션 더빙(더빙)	3	24/54	장곡마을학교
9	• 애니메이션 더빙(편집, 상영)	3	27/54	장곡마을학교
10	• 음악에 맞춰 영화 만들기(음악 1곡-사전 준비)	3	30/54	장곡마을학교
11	• 음악에 맞춰 영화 만들기(편집, 상영)	3	33/54	장곡마을학교
12	• 영화 미술 : 누군가의 방 만들기	3	36/54	장곡마을학교
13	• 장르 영화 만들기(시나리오)	3	39/54	장곡마을학교
14	• 장르 영화 만들기(사전 준비)	3	42/54	장곡마을학교
15	• 장르 영화 만들기(촬영)	3	45/54	장곡마을학교
16	• 장르 영화 만들기(편집, 상영)	3	48/54	장곡마을학교
17	• 상영회 준비(팸플릿 및 포스터 제작)	3	51/54	장곡마을학교
18	• 총 상영회	3	54/54	장곡마을학교

장곡고등학교 커리큘럼

연번	주요 활동 내용(고등반)	운영 시간		장소
		시간	누계	
1	• 오리엔테이션 및 자기소개	3	3/54	장곡마을학교
2	• 영화 기본 이론과 용어 설명	3	6/54	장곡마을학교
3	• 영화 시놉시스 만들기 활동	3	9/54	장곡마을학교
4	• 영화의 제작 과정 학습 및 스태프 배분	3	12/54	장곡마을학교
5	• 영화제 관람 및 영화 분석	3	15/54	부천판타스틱영화제
6	• 시나리오 백일장	3	18/54	장곡마을학교
7	• 영화 연출과 미장센	3	21/54	장곡마을학교
8	• 신 재구성(촬영과 조명 실습)	3	24/54	장곡마을학교
9	• 영화의 사운드와 음악	3	27/54	장곡마을학교
10	• 시나리오 중간 점검	3	30/54	장곡마을학교
11	• 미니 촬영장	3	33/54	야외 공원
12	• 촬영 준비 활동	3	36/54	장곡마을학교
13	• 영화 촬영 1	3	39/54	추후 협의
14	• 영화 촬영 2	3	42/54	추후 협의
15	• 영화 편집 이론과 실습	3	45/54	장곡마을학교
16	• 영화 제작 마무리 작업	3	48/54	장곡마을학교
17	• 상영회 준비(팸플릿 및 포스터 제작)	3	51/54	장곡마을학교
18	• 총 상영회	3	54/54	장곡마을학교

하지만 영화 동아리를 하다 보면 자주 예상치 못한 변수가 등장한다. 이 커리큘럼을 짰을 때가 2017년 4월쯤이었는데, 실제로 영화 동아리가 시작되는 시기는 7월 중순이었다. '학생이 만들어가는 꿈의 학교'의 경우 커리큘럼을 짜고 심사, 면접을 거쳐 해당 꿈의 학교가 발탁, 통과되는 과정을 거쳐야 했기 때문에 뜬 3개월 사이에 많은 학생이 개인 사정이나 학업을 이유로 동아리 활동에 불참하게 되었다. 특히 고등학생들의 경우 대학입시를 앞두고 있다 보니 영상을 전공으로 정한 한 명을 제외하고 모두 연락이 끊어졌다. 결국 처음에는 인원수 때문에 세 팀으로 나눴던 것을 한 팀으로 진행하는 것으로 변경하고 다시 커리큘럼을 짰다.

그렇게 완성된 최종 커리큘럼은 다음과 같다.

완성된 최종 커리큘럼

날짜	수업	내용	장소
7/27	오리엔테이션 및 자기소개	- 자기소개 - 수업 날짜 조정 - 구체적인 수업 진행에 관한 오리엔테이션	장곡마을학교
8/3	영화 기본 이론과 용어 설명 및 자기소개 영상 만들기	- 영화 제작 과정에 관한 설명 - 자기소개 영상 만들기 내용 짜기+찍기 - 자기소개 영상 : 1분 이내, 1컷	장곡마을학교
8/10	영화 감상 및 분석	- 〈거북이는 의외로 빠르게 헤엄친다〉 감상 - 영화 분석	장곡마을학교
8/17	24초 초단편영화 만들기	- 숏(shot)에 관한 이론 - 24초 영화 만들기 : 이야기 짜기(1시간)+찍기(1시간) - 24초 영화 : 5컷 이상, 숏 사이즈가 겹치기 않게 찍기 * 카메라 필요	장곡마을학교
미정	영화제 관람 및 영화 분석	- 청소년 영화제 관람 - 단편 섹션 시청 - 영화를 보고 느낀 점들을 서로 이야기해보기	서울국제 청소년영화제
8/24	영화 음향 실습	- 영화 음향에 관한 이론 - 짧은 영상의 소리 만들기 : 영상을 찍고, 소리를 모두 없앤 뒤, 소리만 따로 따서 넣는 작업을 해본다. * 마이크와 동시 녹음 장비 필요	장곡마을학교
8/31	영화미술 : 누군가의 방 만들기	- 영화미술에 관한 이론 (미술과 영화미술은 무엇이 다른가) - 누군가의 방 만들기 : 제비뽑기로 특정한 인물 (고흐, 셜록, 미츠하 등)을 고르고 그 사람의 방을 만들어보기	장곡마을학교

9/7	아이템과 시놉시스 만들기	- 자신의 영화 만들기 시작 - 시놉시스의 개념과 이야기의 구조에 관한 이론 - 자신이 찍을 영화의 아이템을 구상하고, 시놉시스 짜보기	장곡마을학교
9/14	시나리오 쓰기	- 시나리오에 관한 이론 - 지난주에 썼던 시놉시스를 다 같이 읽고, 피드백하는 시간을 가진다. - 시놉시스를 수정하고, 시놉시스를 시나리오로 옮기는 과정을 가진다.	장곡마을학교
중간고사 2주 / 추석 연휴			
10/12	톤 앤드 매너와 콘티 만들기	- 톤 앤드 매너와 콘티에 관한 이론 - 톤 앤드 매너를 찾아보고, 발표 - 시나리오와 톤 앤드 매너를 토대로 콘티를 짜보기 - 미리 3주 휴식 때, 본인 영화의 톤 앤드 매너가 될 만한 영화를 한 편씩 보고 올 것	야외 공원
10/19	제작 계획서 만들기 및 발표	- 영화 제작 단계의 구체적인 이론 - 각자 시나리오와 콘티, 진행 사항을 적은 제작 계획서를 작성하고, 발표하는 시간을 가진다. - 이때까지 학생들은 영화의 캐스팅과 장소 대여를 끝마쳐야 함	장곡마을학교
10/26	영화 촬영 1	- 촬영 스케줄에 맞춰 영화 촬영 * 촬영지에 반드시 강사 한 명 이상 참가 * 대여 장비 : 상시 대여-카메라, 삼각대, 음향 장비, 조명, 기타 장비를 필요한 날만 대여	추후 협의
11/2	영화 촬영 2		
11/9	영화 편집 이론과 개인 작품 편집	- 간단한 편집 이론 - 본인 영화 편집 * 편집 프로그램과 노트북 필요	추후 협의
11/16	색보정과 사운드 믹싱	- 영화 후반 작업에 관한 이론 - 본인 영화 편집 및 색보정, 사운드 믹싱	장곡마을학교

11/23	개인 편집 상영 및 마무리 작업	- 본인 영화 마무리 - 다 같이 영화를 보고 피드백하는 시간을 가진다. - 수정할 부분을 수정한 후 완성본을 뽑는다.	장곡마을학교
11/30	상영회 준비	- 상영회 콘셉트 회의 - 상영회 포스터, 팸플릿 제작 - 상영회 트레일러 영상 제작 * DVD 제작은 강사가 맡아서 진행	장곡마을학교
미정	총 상영회		장소 미정

* 10~12월 사이 기말고사로 2주 더 쉼

영화 수업 만들기

영화 만들기를 글과 말로만 배우면, 학생들은 곧잘 내용을 잊거나 개념 자체를 이해하기 어려워한다. 어른들도 머리로는 이해했다고 하지만, 실제로 적용하고자 하면 헷갈리거나 잘못 알고 있고, 알고도 제대로 적용하지 못하는 경우가 더러 있다. 그러다 보니 영화 수업에서는 활동이 반드시 필요하다. 활동 없이는 개념을 이해하기 어려울 뿐더러, 머리로 이해했다고 해도 영화 제작 때 적용하지 못하고 헤매는 경우가 많기 때문이다. 그래서 처음에는 영화 수업을 하면서 절반은 이론 수업, 절반은 활동을 진행했다. 이론을 배우고, 그에 맞는 활동을 하면 학생들이 비교적 쉽게 수업을 따라올 수 있을 거라고 생각했다.

하지만 실제로 해보니 학생들은 이론 수업 중에는 딴짓을 하거나, 이해가 안 돼도 가만히 있다가 나중에 활동 때가 돼서야 "이게 무슨 컷이에요?", "이거 어떻게 하는 거예요?" 하고 물어봤다. 바로 1시간 전에 내가 침까지 튀겨가며 열심히 설명했던 내용들이었다. 결국 이론 수업 동안 설명했던 것을 활동하면서 다시 설명하는 상황이 되어버렸다. 이런 경험을 몇 번 하고 난 뒤, 가능한 한 이론과 활동을 나누지 않고 병행하면서 함께할 수 있는 수업을 해야겠다고 생각했다.

이론 수업은 영화 용어를 설명하는 정도로 간추리고, 대신 활동 속에서 자연스럽게 학생들이 영화에 대한 개념을 만나는 것으로 수업의 방향을 잡았다. 결국 영화라는 것은 '느낌'을 체험하는 것이 더 중요하다는 생각이었다. '몽타주'라는 말을 하나 아는 것보다 '컷과 컷이 단순히 나열되는 게 아니라 유기적으로 서로에게 영향을 끼치는구나.'를 직접 체험하는 것처럼 말이다.

영화 동아리는 무엇보다도 학생이 영화와 가까워지는 것이 중요하다. '멀게만 느껴졌던 영화 제작이라는 것이 실제로는 나도 해볼 수 있는 활동이구나!'를 느끼는 것이 동아리의 의의 중 하나이다. 여기서 갑자기 너무 많은 양의 이론을 주입하면 학생들은 질겁하게 된다. 그렇기에 활동을 통해 학생들에게 영화 이론이 자연스럽게 와 닿을 수 있도록 했다.

또 모든 활동의 마지막에는 서로의 작품을 보고 이야기를 나눠보는 시간을 가져야 한다. 이렇게 서로 피드백을 하는 과정을 통해 학생들은 영상을 보는 '눈'을 가지게 되기 때문이다. 작업물마다 좋은 점을 배우고 나쁜 점을 지양하면서 자연스럽게 좋은 작품을 보는 눈을 기를 수 있게 된다. 다음은 영화 수업 때 했던 활동들이다.

1. 자기소개 영상 만들기

"사람들에게 자신을 소개하는 영상을 만드는 활동이다. 단, '1분 미만으로 단 한 컷만 사용한다.'는 제한을 둔다. 형식은 자유롭다. 본인이 나와도 되고, 나오지 않아도 괜찮다. 하지만 되도록이면 본인이 등장해서 이름, 생일, 가족관계를 말하는 뻔하고 재미없는 영상은 만들지 않도록 주의한다. 흥미롭고, 개성 있는 자기소개 영상을 만들어본다."

이 활동은 실제로 많은 영화 수업에서 이용하는 활동이다. 보통 다른 수업에는 1분 1컷보다는 조금 더 길거나 본격적인 편이다. 하지만 나는 영화 동아리 첫 수업 때 이 활동을 진행하기 때문에 비교적 학생들이 가볍게 찍어올 수 있도록 시간과 컷에 제한을 두었다. 1컷 이상이 되면 편집을 해야 하고 상대적으로 영상을 만드는 데 시간이 필요하다. 그러면 다 같이 영상을 보고 서로 이야기할 시간이 줄어든다. 그 부분이 아쉬워서 제한을 두게 되었다.

개인적으로 이 활동은 첫 수업에 딱 어울린다고 생각한다. 모두가 어색한 첫 수업 때, 긴장된 얼굴과 쑥스러운 표정으로 영상 속에 등장하는 친구를 보면서 깔깔대다 보면 어느 샌가 서로 가까워진 느낌이 들기 때문이다. 또 학생들에게 앞으로 우리가 영화를 만든다는 것을 실감하게 할 수 있다. 말이나 글이 아닌 영상을 통해 내가 하고자 하는 말을 전달해야 한다는 것을 학생들이 이 영상을 찍어봄으로써 체감하게 된다.

이 수업은 '나라는 하나의 캐릭터를 어떤 식으로 영상화해서 보여줄 것인가'에 대한 수업이다. 물론 그것을 재치 있고, 독창적으로 보

이 사진은 동아리 학생이 찍어온 자기소개 영상의 한 컷이다. 사진 속 학생은 본인이 좋아하는 것과 싫어하는 것을 말하고 있다. 학생들에게 자기소개 영상을 찍어오라고 하면 종종 이런 영상을 찍는다. 그만큼 누구나 생각할 수 있는 평범한 영상이다. 다만, 긴장을 너무 심하게 해서 왼손으로 계속 자신의 옷을 잡았다, 꼬았다, 늘렸다 하는 것을 제외하면 말이다.

여기서 바로 '손'이 이 학생의 캐릭터가 되었다. 영상 촬영이 어색하고 어려운 사람. 그만큼 평소에 부끄럼이 많은 사람. 그래서 친구들이 많지 않아 영화 동아리를 통해 새로운 친구를 사귀고 싶어 하는 사람. 이러한 캐릭터가 손에 담겨 있어서 이 영상 그대로 딱 손만 나오게 찍으면 지금보다 더 흥미로우면서도 캐릭터를 명확하게 설명할 수 있는 영상이 될 것이라는 피드백이 나왔다.

여주는 것이 이 영상의 포인트이다. 이 활동을 하면서 교사는 영화에서 말하는 '캐릭터'란 무엇이며, '이것을 어떻게 사람들에게 보여주어야 하는가'를 말해줄 수 있어야 한다.

2. 5장의 사진으로 이야기 만들기

"하나의 주제를 두고 이 주제에 맞는 짧은 이야기를 5장의 사진만을 이용해서 보여주는 활동이다. 학생들에게 주제를 하나 제시해주면, 학생들은 그 주제에 맞춰 짧은 이야기를 만든다. 그리고 만든 이야기를 5장의 사진으로 찍어서 가져온다. 다 같이 사진들을 보면서 어떤 이야기인지 맞춰본다."

이 활동은 '이야기를 어떻게 이미지화하는가'를 배우는 활동이다. 영화에서는 단순히 정보를 대사로 전달하는 것보다 이미지로 보여주는 것을 더 '영화적'이라고 한다. 그렇기 때문에 자신이 전달하고자 하는 것을 이미지화하는 것이 중요한 부분 중 하나인데, 이 활동은 그것을 배우고 훈련하는 데 적합하다. 특히, 대부분 학생들은 이미지화하는 것에 익숙하지 않아서 처음 영화를 만들 때 어려워하는 경우가 많다. 영화를 만들기 전 이 활동을 통해 먼저 훈련해보는 것이 영화 제작에 도움이 될 수 있다.

교사가 사진의 개수를 정할 때는 개수에 따라 이야기의 내용이나 구조가 달라질 수 있음을 염두에 둬야 한다. 5장의 사진을 찍을 때는 '발단-전개-위기-절정-결말'로 이어지는 아주 짧고 함축적인 이야기가 필요하다. 하나의 이야기를 5장의 사진 안에 담지 못하면 사람들은 사진을 보고 무슨 이야기인지 파악하지 못한다. 반대로 15장의 사진을 찍을 때는 비교적 긴 이야기를 진행하되 컷을 허투루 쓰지 않도록 하는 것이 중요하다.

이전 학교에서 수업할 때, 학생들에게 15장의 사진을 찍으라고 한 적이 있었다. 그랬더니 한 학생이 '학교 1층 계단에서 출발해서 3층에서 친구를 만나고, 5층으로 올라갔다가 갑자기 교실에 두고 온 물건이 생각나 1층으로 내려오다 3층에서 친구와 부딪친다'는 내용을 사진으로 찍어왔다. 15장의 사진 중 절반 가까이의 컷이 계단을 오르는 발만 나오는 사진이었다. 꼼수를 부려보겠다는 마음에서 나온 이야기 자체가 15컷을 채우기에 부족하기도 했고, 동시에 그마저 있는 '친구를 만난다', '두고 온 것이 생각난다', '친구와 부딪친다'는 주요 사건들도 1~2컷으로 처리했기 때문에 벌어진 일이었다. 이처럼 이 활동을 할 때는 사진의 개수에 알맞은 이야기를 만들고, 그 이야기 안에서 가장 중요한 포인트가 어디인가를 짚는 것이 필요하다.

교사는 이미지가 주는 정보가 얼마나 방대한가에 대해 집중할 수 있도록 수업을 진행하는 것이 좋다. 한 장의 사진은 많은 정보를 가지고 있다. 피사체와 배경, 소품, 전체적인 색감, 구도, 조명, 그 외에도 수많은 요소가 이미지의 정보가 된다. 이러한 정보들이 모여서 사진 속 인물의 감정이나 특정한 분위기를 만들기도 한다. 이 점을 생각하면서 학생들이 단순히 사진 한 장을 찍는 것이 아니라, 그 안에 최대한 많은 정보를 담아 낭비하는 컷이 없도록 하게 하는 것이 중요하다.

또 이 활동을 통해 컷과 컷이 유기적으로 연결되어 있다는 것을 학생들에게 알려주어야 한다. 컷과 컷 사이에는 서로에게 영향을 줄 수 있는 관계가 있다는 것을 학생들이 느낄 수 있어야 한다. 이 관계를 이해하는 것이 영화라는 매체를 이해하는 데도 중요한 부분이다.

3. 누군가의 방 만들기

"한 인물의 방을 만드는 활동이다. 지금 있는 공간 한쪽에 카메라를 두고 앵글을 잡는다. 그리고 동아리 모두가 알고 있는 인물의 이름을 적은 종이를 여러 개 만든 뒤, 그 중에서 하나를 뽑는다. 뽑은 종이에 적힌 인물을 확인한 뒤, 소품과 물건을 이용해 카메라 앵글에 나오는 공간을 그 인물의 방으로 만든다."

영화미술 수업에서 활용하는 활동이다. 이 활동을 통해 영화미술이란 우리가 흔히 생각하는 그림을 그리는 활동이 아닌, 공간을 채우는 미술이라는 것을 이해하는 것이 목표이다. 카메라 앵글 속에 그 인물이 살고 있는 시대와 환경, 또 인물의 캐릭터가 담길 수 있어야 한다. 그렇기 때문에 인물에 대한 분석과 이해가 필수이다. 예를 들어, '고흐'라는 인물을 뽑았다면 학생들은 먼저 고흐가 살았던 시대와 고흐가 살았던 환경뿐 아니라 고흐가 어떤 인생을 살았는지, 어떤 성격을 가진 사람인지를 분석하고 해석해야 한다. 또 고흐가 어떤 물건을 어떻게 썼을지 상상해야 한다. 그리고 자신들이 상상한 것을 토대로 어떤 것을 어떻게 앵글 안에 배치할 것인지를 정해야 한다. 이런 과정을 통해 학생들은 인물과 시대를 더 구체적으로 설정하게 되고, 이를 보여줄 수 있는 방법을 강구하게 된다.

학생들은 영화를 제작할 때 영화미술을 간과할 때가 많다. 그냥 적당한 장소에서 무턱대고 촬영을 하다 보니 영화 속 설정과 장소가 맞지 않는 경우가 많이 생긴다. 그럴 때 이 활동이 도움이 될 것이다. 이 활동은 영화 속에서 보이는 것이 얼마나 중요하고 큰 힘을 가지는지를 깨닫게 하고, 이것을 어떻게 이용할 수 있는지 알려주는 활동이기 때문이다.

또한 이 활동에서 무엇보다 중요한 것은 카메라 앵글이다. 영화미술에서는 카메라 앵글 안에서 소품이 보이는가, 보이지 않는가, 어떻게 보이는가가 중요하다. 실제로 자신이 눈으로 본 공간의 느

쓸 만한 소품을 찾고 있는 아이들

낌과 카메라를 통해서 본 공간의 느낌이 다를 수 있기 때문이다. 카메라의 각도에 따라 앞에 있는 소품에 가려 뒤에 있는 소품이 보이지 않을 수도 있고, 열심히 소품을 배치했는데 카메라 앵글에 나오지 않는 엉뚱한 곳을 채워 넣었을 수도 있다. 그렇기 때문에 학생들은 공간을 채우기 전에 먼저 카메라 앵글을 확인해야 한다. 그리고 이 점은 나중에 영화를 촬영할 때도 마찬가지란 것을 학생들에게 알려주어야 한다.

영화 동아리에서 이 활동을 했을 때 만들었던 공간은 '고흐의 방'이었다. 하지만 수업을 했던 공간은 동네에 있는 마을학교로 침대나 옷장 같은 '방'이라는 소품도 없고, 물감이나 이젤과 같이 '화가'를 표현할 수 있는 소품도 없었다. 그래서 학생들은 색연필, 지우개, 미술 관련 책 등 화가처럼 보일 수 있는 물건들을 최대한 긁어모아 앵글 안에 배치하고, 마을학교에 있던 소파를 줄줄이 이어서 침대처럼 보일 수 있게 했다. 이때 가장 재미있었던 아이디어는 의자에서 나왔다. 한 학생이 의자를 뒤집어서 마치 조형물처럼 배치해 작업실 같은 분위기를 낼 수 있었다.

4. 사진과 음악으로 영상 만들기

"여러 장의 사진과 음악 한 곡을 사용하여 주제에 맞는 영상을 만드는 활동이다. 학생이 하나의 주제를 정하고, 그 주제에 맞춰 사진을 찍는다. 그리고 음악을 고른 뒤 사진의 내용과 음악의 리듬감에 맞춰 편집한다."

주로 영화 편집 수업에 활용하는 활동이다. 이 활동을 통해 편집에서 가장 중요한 것 중 하나인 '리듬'을 배울 수 있다. 학생들에게 알려주기 참 어려운 부분 중 하나가 편집의 리듬감이다. 영화 편집에는 전체적인 흐름이 있고, 이 흐름에 따라 컷이 길어지고 짧아지고 하는 타이밍이 생기는데, 이것을 흔히 '편집의 리듬'이라고 부른다. 문제는 이 리듬이라는 것이 가르쳐주기도 어렵고, 설명하기도 모호하다는 데에 있다. 그래서 상대적으로 확실한 리듬이 존재하는 '음악'을 이용해 리듬감을 터득하는 것이 이 활동의 목적이다. 모든 사진을 다 '딴-딴-딴-딴-'이라는 정박에 맞춰 편집해선 안 된다. 정박으로 하다가 엇박도 탔다가 하면서 다양한 리듬으로 사진을 편집하는 것이 중요하다. 물론 박자감이 잘 맞아야 하는 것도 중요한 지점이다.

이 활동에서 욕심을 낸다면 주제와 사진이다. 주제에 맞춰 한 편의 이야기를 만들었다면 이야기의 내용에 따라 컷의 길이가 바뀐다. 주제가 '첫사랑'이라고 해보자. 그에 맞춰 '나는 어릴 적부터 빨간색을 좋아했다. 그래서 옷도 빨간색 옷만 입고, 내가 좋아하는 모든 물건들은 빨간색이었다. 그러던 어느 날 난 하늘색 원피스를 입은 또래 여자아이를 보고 사랑에 빠졌다. 그 아이가 날 보고 웃자 세상이 하늘색으로 물든 기분이었다. 다음 날 나는 하늘색 옷을 입고 집을 나선다.'라는 이야기를 만들었다고 해보자. 그러면 이 이야기에서 '내가 좋아하는 빨간색 물건들'은 다양한 빨간색 물건들이 빠르게 지나가는 컷으로 보여주고, '그 아이가 날 보고 웃자' 부분은 환하게 웃는 여자아이의 얼굴을 강조하기 위해 다른 컷들에 비해 오랫동안 보여주게 될 것이다.

이렇게 내용에 따라 리듬감이 변하는 것을 학생들에게 알려주고 스스로 편집을 해보면서 깨닫게 할 수 있는 활동이다. 하지만 이 활동의 경우, 수업 한 번(3시간)으로는 해보기가 어렵고 두세 번의 수업 시간이 필요하다.

5. 영화 분석하기

"다 같이 영화 한 편을 보고, 분석해보는 활동이다."

이 활동의 주요 요점은 영화 감상이 아니라, 분석한다는 것에 있다. 잘 만들어진 영화를 보면서 다양한 영화적인 표현법을 배우는 것이 이 수업의 목표이다. 학생들이 영화를 '감상하는 눈'으로 보는 것이 아닌 '분석하는 눈'으로 보는 경험을 해보는 것이 중요하다. 영화 감상은 백 명의 사람이 백 개의 관점을 가질 수 있기 때문에 기준이 모호하지만, 분석은 감상에 비해 기준이 명확한 편이다. 분석은 영화에 주어진 표현들을 단서로 삼아 하나의 답을 도출해야 하므로 모두가 답에 대한 근거가 타당하다고 느껴야 한다.

비교적 명확한 답이 존재한다는 점에서 학생들과 퀴즈를 풀듯이 활동을 진행하기가 좋다. 단, 교사의 경우 설명이 많아질 수 있는 활동이기 때문에 가능한 한 말을 아껴야 한다. "이 영화가 말하고자 하는 건 뭘까?" 하는 문제만 던지고, 학생들끼리 그 답을 도출할 때까지 느긋하게 기다리는 인내심이 필요하다. 가끔 이야기가 너무 산으로 갈 때만 은근히 힌트를 던져줘서 진행에 큰 무리가 생기지 않도록 조절해야 한다. 그리고 학생들이 답을 말할 때 그렇게 생각한 근거를 영화 속에서 찾아 같이 말할 수 있도록 해야 한다. 근거

영화를 분석하며 영화를 보는 '눈'을 기른다.

를 찾고 답을 맞히면서 영화 속에 많은 의미들이 다양한 방법으로
표현된다는 것을 보고 이해할 수 있어야 한다.

분석 활동에 쓰이는 영화는 우리가 흔히 '명작'이라고 부르는 영

화를 사용하는 것이 좋다. 이런 영화 속에는 다양하고, 세련된 영화적 표현들이 사용되어 학생들에게 좋은 예시가 된다. 그리고 교사는 수업 전에 반드시 영화를 미리 보고 직접 분석한 뒤 수업을 진행해야 한다. 혹시라도 영화 분석에 어려움을 겪는다면 인터넷이나 영화 관련 서적들을 찾아보는 것도 추천한다. 다양한 시각에서 영화를 분석한 좋은 글들이 많이 있으므로 참고가 될 것이다.

6. 영상을 찍고 소리 채우기

"영상을 찍은 후, 영상의 모든 소리를 지우고 다시 소리를 채우는 활동이다. 카메라를 이용해 1컷, 1분 미만의 짧은 영상을 찍는다. 편집 프로그램에서 해당 영상의 소리를 모두 지운 뒤, 영상에서 들려야 하는 소리를 따로 녹음하여 다시 채워 넣는다. 여기까지 마치고 시간이 남는다면 해당 영상과 어울리는 음악도 하나 골라서 넣어볼 수 있다."

이 활동은 영화 후반 작업에 하는 사운드 활동이다. 이 활동을 통해 실제로 영화에서 하는 '폴리', '후시 녹음', '믹싱' 작업을 간단하게 체험할 수 있다.

영화에는 다양한 소리가 존재한다. 학생들은 각각의 소리가 있을 때와 없을 때가 어떻게 다른지 직접 들어보면서 다양한 소리가 모여 하나의 장면을 만든다는 것을 체험할 수 있다. 그렇기 때문에 교사는 학생들이 하나의 소리라도 빠짐없이 녹음할 수 있도록 해야 한다. 예를 들어 '도서관 안, 한 여자가 책장에서 책을 꺼내 자리에 앉는다. 책을 펼쳐 한 장, 한 장 빠르게 읽는다. 책을 넘기면서 여자는 오늘 점심에 뭘 먹을지 생각한다.'라는 영상을 찍었다고 해보자.

여기서 필요한 소리는 도서관의 공간음, 책장에서 책을 꺼내는 소리, 여자의 발걸음 소리, 책상에 책을 내려놓는 소리, 의자를 뒤로 빼는 소리, 의자에 앉는 소리, 책을 집어 드는 소리, 겉표지를 넘기는 소리, 속 책장을 넘기는 소리, 여자의 "오늘 점심은 뭘 먹지?"라는 내레이션이 기본적으로 필요하다. 만약, 중간에 여자가 머리를 넘기는 등의 다른 행동을 한다면 그 행동들에 맞는 소리도 필요하다. 또 책장을 넘기는 손 모양이 각각 다르다면 그에 맞춰서 제일 그럴싸한 소리를 넣어야 한다. 즉, 학생들이 필요한 소리를 자세하게 분석한 뒤, 녹음을 진행해야 한다. 공간음 같은 경우는 설정한 공간이 어떤 곳인지에 따라 어떤 소리가 들려야 하는가를 상상해서 정말 그 공간처럼 들리게 하는 작업이 필요하다.

이 활동을 진행하면서 학생들에게 영화 사운드의 요소와 후반 작업의 과정에 대한 설명을 곁들이면 좋다. 학생들이 필요한 소리를 뽑아내면 다 같이 이 소리가 대사, 공간음, 효과음, 폴리, 음악, 내레이션 중 어디에 속하는지를 나누면서 영화 사운드의 요소를 이해할 수 있게 한다. 또 활동하고 난 후 실제로 상업 영화 현장에서는 어떻게 사운드 후반 작업을 하는지 영상을 보면서 수업을 마무리한다. 그래서 학생들이 했던 활동과 어느 부분이 비슷하고 어느 부분이 다른지를 서로 이야기하면서 후반 작업의 대략적인 과정을 알아본다. 해당 영상은 인터넷에서 많이 존재하며, 나는 개인적으로 영화 〈킹콩〉 영상을 즐겨 쓰는 편이다. 이 활동은 영화에서 특히 폴리와 매우 유사한 활동으로 폴리에 대한 영상도 자주 활용한다.

7. 초단편영화 만들기

"1분 미만의 초단편영화를 만들어보는 활동이다. 다 같이 하나의 단어를 정한 뒤, 그 단어와 연관된 짧은 이야기를 만든다. 이야기에 맞춰 간단하게 콘티 작업을 한 후, 콘티에 맞춰 영상을 찍고 편집한다."

이 활동은 영화 제작 과정을 이해하는 데 큰 도움이 되는 활동이다. 보통 영화 제작에 들어가기 전 미리 영화 제작을 경험하는 활동으로 자주 활용한다. 3시간 수업 중 1시간 동안 이야기와 컷을 짠 후, 1시간 안에 촬영하고, 1시간 동안 편집을 한다. 그러면 딱 3시간에 활동이 알맞게 들어간다.

처음 이야기를 짤 때, 학생들이 각자 아무거나 생각나는 단어를 말한 뒤 그중에서 소재를 정한다. 그리고 그 소재에 따라서 아주 짧은 '한 순간' 정도의 이야기를 만든다. 보통은 브레인스토밍을 즐겨 쓴다. 비교적 짧은 시간에 재미있는 이야기가 탄생하기 쉬운 방법이다. 이야기는 대략 5줄 정도 분량이 나온다. 이때, 이야기를 최대한 인물의 행동과 동선 위주로 적어주면 이후에 컷을 짤 때 훨씬 편하게 생각할 수 있다.

이렇게 이야기가 완성되면 다 같이 컷을 짜기 시작한다. 인물의 동선과 대사, 이야기 전개, 연출적으로 보여주고 싶은 것 등을 생각해서 이야기 전개 순서대로 컷을 생각하면 된다. 이렇게 생각해낸 컷들을 종이에 순서대로 적으면 되는데, 알아보기 쉽게 그림으로 그리거나, 핸드폰 카메라로 사진을 찍으면 촬영할 때 해당 컷이 어떤 컷이었는지 잊지 않을 수 있다.

컷까지 다 짜고 나면 촬영에 들어간다. 배우, 촬영감독, 연출 등의 역할을 정한 후 짜놓은 컷들을 확인하면서 촬영을 진행하면 된다. 촬영을 하다 미리 짜놓은 컷 외에 생각나는 것이 있다면 추가로 찍어도 좋다. 촬영 기기는 영상용 카메라나 집에 있는 DSLR를 써도 되고, 핸드폰 카메라로 찍어도 무관하다. 영화 제작에 들어가기 전 촬영 연습으로 이 수업을 활용하는 것이라면 영화 제작에 쓸 카메라를 미리 연습해보는 것도 좋은 방법이다.

필요한 컷들을 다 찍었다면 편집에 들어가면 된다. 적당한 편집 프로그램을 이용해서 찍은 컷들을 다 같이 편집하고, 하나의 영화로 만들면 초단편영화가 완성된다. 완성된 영화를 같이 모니터링하면서 각자 떠오르는 부분들을 이야기하고, 이 영화의 좋은 점과 부족한 점, 수정하거나 보완할 지점들을 짚어보는 시간을 가지면 더 좋은 활동이 될 것이다.

이 활동의 가장 좋은 점은 큰 준비 없이 핸드폰만으로 바로 해볼 수 있는 영화 제작 활동이라는 점이다. 그래서 개인적으로는 학생들의 출석률이 낮아서 정규 커리큘럼을 소화하기 어려울 때 자주 이용한다. 두 사람 이상만 있으면 되니 적은 수의 인원으로도 진행이 가능하다. 또한 정규 수업 진도에 영향을 끼치지 않는 활동이지만 영화의 전반적인 부분을 배울 수 있다. 학생들도 재미있게 참여할 수 있기 때문에 정규 수업이 아니더라도 만족도가 높다. 전 시간 출석을 못한 학생들에게 초단편영화를 만들어봤다고 자랑하게 되는 활동이다.

다음은 학생들이 찍었던 초단편영화의 내용과 컷 리스트, 완성된 컷들이다.

초단편영화 내용

나란히 소파에 앉아 핸드폰을 하고 있는 남학생과 여학생. 핸드폰으로 동영상을 보던 여학생이 갑자기 크게 웃으면서 옆에 있던 남학생의 머리를 때린다. 당황한 남학생은 여학생을 쳐다본다. 멈출 생각이 없는 여학생. 남학생은 한숨을 쉬더니 바닥에 있던 자전거 헬멧을 머리에 쓴다. 다시 핸드폰을 하는 남학생. 여학생도 남학생을 전혀 신경 쓰지 않고 핸드폰을 보면서 남학생을 때린다.

컷 리스트

cut	샷 설명	내용
1	남학생 정측면 B.S → 남학생, 여학생 투샷(pan)	나란히 소파에 앉아 ~ 당황한 남학생은 여학생을 쳐다본다.
2	남학생, 여학생 M.S(1컷과 대치)	핸드폰으로 동영상을 보던 여학생 ~ 헬멧을 머리에 쓴다.
3	헬멧 C.U → 남학생 C.U(tilt up)	바닥에 있던 헬멧을 머리에 쓴다. ~ 다시 핸드폰을 하는 남학생
4	남학생, 여학생 F.S	처음부터 끝까지

* B.S : 바스트샷. 인물의 머리부터 가슴까지 나오는 샷. / * 투샷: 두 명의 인물이 나오는 샷. / * pan : 카메라의 위치는 변하지 않고 각도만 좌우로 변환되는 카메라 무빙. / * M.S: 미디엄샷 : 인물의 머리부터 허리까지 나오는 샷. / * C.U : 클로즈업. 인물의 얼굴, 손 등 특정 신체 부위만 나오는 샷. / * tilt : 카메라의 위치는 변하지 않고 각도만 위아래로 변환되는 카메라 무빙. up은 위, down은 아래. / * F.S : 풀샷. 인물의 머리부터 발끝까지 모두 나오는 샷.

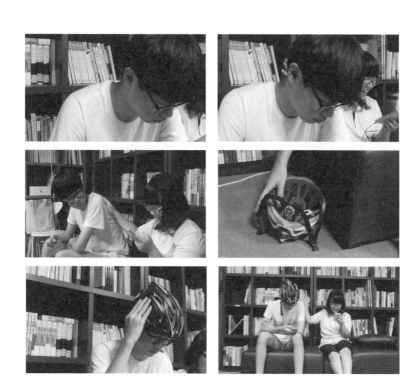

실제 촬영한 컷

앞서 나온 커리큘럼에서 4차시에 했던 수업의 자료들이다. 촬영 수업 때 쓴 활동으로, 카메라는 교사가 가지고 있던 DSLR 카메라를 이용하였다. 학생들에게 가능한 한 숏 사이즈가 겹치지 않도록 다양한 컷을 생각해보라고 주문했다.

내용에 남학생이 맞는 부분이 있어서, 여러 컷을 찍는 동안 해당 배역의 학생은 많이 맞아야 했다. 촬영 후반에 남학생이 너무 아파해서 여학생이 앞서 찍었던 컷들보다 살살 때렸는데, 이게 화면에서 티가 나 다른 학생들이 아쉬움을 보였다. 이런 일은 음식을 맛있게 먹어야 되는 장면을 찍을 때도 종종 일어난다. 첫 컷부터 맛있게 먹는 걸 보여주겠다고 많이 먹다가 이후 컷에서는 배가 불러서 못 먹는 경우가 생긴다. 그렇기 때문에 촬영 때는 적절한 조절이 필요하다. 앞의 영화에서는 여학생의 손이 잘 보이지 않는 1, 3컷에서는 때리는 시늉만 하고 2, 4컷에서만 열심히 때리면 비교적 남학생이 덜 힘들어 했을 것이다. 이처럼 촬영을 진행할 때는 이런 부분도 신경을 쓸 수 있도록 주의를 줘야 한다.

영화 제작 과정

1. 아이템 만들기

영화 제작은 '아이템 만들기'부터 시작한다. '아이템'이란, 앞으로 만들어질 영화를 설명하는 한 문장이다. 예를 들면, '바깥 세상에 대한 두려움을 가진 소녀가 유일한 친구인 개를 찾기 위해 세상 밖으로 나가게 되는 이야기'와 같은 문장을 아이템이라고 말한다. 영화 제작을 한다고 했을 때, 학생들이 곧잘 말하는 "저는 이런 내용의 영화를 찍고 싶어요."가 바로 그 학생의 아이템인 것이다.

1인 1작품으로 영화를 제작할 때에는 학생들 각자가 자신이 찍고 싶은 아이템을 만들고, 다수의 학생이 영화 한 편을 찍을 때는 다 같이 회의를 통해 아이템을 만든다. 회의를 통해 아이템을 만들 때는 여러 사람이 각자 다른 아이템을 만든 후, 그중에서 고르거나 앞서 수업에서 영화 찍기에 나온 것처럼 브레인스토밍의 과정을 거쳐 만드는 등 다양한 방법을 통해 하나의 아이템을 정하게 된다.

학생들과 함께 아이템을 만들 때 반드시 결정해야 하는 것은 캐릭터, 주요 사건, 주제이다. 이 세 가지를 결정하지 못하면 그다음 단계인 '시놉시스'로 넘어가지 못하기 때문이다. 그래서 나는 아이템을 만들 때, '어떤 사람이/ 어떤 사건을 만나/ 어떻게 되는 이야기'라는 형식을 주고, 이 형식에 맞춰 아이템을 만들 수 있도록 한다. 이것을 아이템에 적용하면 '세상을 두려워하는 소녀 지혜가/ 자신의 유일한 친구인 개 뽀삐가 집을 나가는 사건을 만나/ 두려움을 깨고 세상 밖으로 나가게 되는 이야기'가 되는 것이다.

이렇게 형식에 맞춰서 쓰면 캐릭터와 주요 사건을 설정할 수 있고, 결말을 통해 본인이 말하고 싶은 주제를 드러낼 수 있다. 물론 반드시 이 형식을 따를 필요는 없다. 그냥 하나의 예시로 보고 참고하면 좋을 것 같다.

먼저 학생들에게 자신이 찍고 싶은 영화가 있는지 물어본다. 아마 대부분 학생들은 나름대로 생각한 내용이 있다고 말할 것이다. 그렇다면 이것은 이 학생의 '소재'가 된다. 마땅히 찍을 것이 없다고 말하는 학생들도 있다. 그럴 때는 너무 고민하지 말고 요즘 관심 있는 것이나, 최근에 인상 깊게 읽었던 뉴스, 자신이 한 경험 중에 가장 영화적인 경험들을 나열하다 보면 한 개쯤 찍어보고 싶은 이야기가 나오게 될 것이다. 이 소재를 토대로 아이템을 만들면 된다.

그다음 주인공의 캐릭터를 설정한다. 여기서 캐릭터란 인물의 성격이나 특성을 뜻하기도 하고, 이런 특성을 가진 인물 자체를 의미하기도 한다. 즉 '이 사람은 어떤 사람인가'를 설정하면 된다. 나이, 성격, 신체적 특징, 가족 관계, 가지고 있는 버릇 등 캐릭터는 구체적일수록 좋다. 잘 만들어진 캐릭터는 관객을 영화에 빠져들게 하고 공감하게 한다. 하지만 아직은 아이템 단계이므로 먼저 간단하게 내가 관객들에게 전하고자 하는 바를 잘 표현할 수 있는 캐릭터를 설정하면 된다. 학생들이 나만의 주인공 캐릭터를 만들고, 이야기 속에서 이 캐릭터를 대표할 수 있는 단어나 문장을 정해서 '어떤 사람'을 채울 수 있도록 한다.

그다음 주인공이 겪게 될 주요 사건을 설정하고 결말을 정한다. 여기서 결말은 단순히 사건의 끝이 아니라 사건을 겪은 주인공이 어떻게 되는가에 좀 더 집중해야 한다. 주인공이 어떻게 되느냐에 따라 영화가 말하고자 하는 바가 무엇인지 알 수 있기 때문이다. 그렇기 때문에 학생들은 이 점을 생각하면서 '어떤 사건을 만나 어떻게 되는지'를 설정해야 한다.

이렇게 사건과 결말을 정하면 '어떤 사람이 어떤 사건을 만나 어떻게 되는 이야기'를 채운 하나의 아이템이 나오게 된다. 이렇게 학생들이 각자 아이템을 만들면 발표 시간을 가진다. 자신의 아이템은 이러한 것이며, 나는 이 이야기를 통해 무엇을 보려주려고 하는지, 즉 주제를 함께 이야기한다. 이 발표 시간 동안 나머지 학생들은 생각나는 아이디어를 말해주기도 하고, 좋은 주제를 정한 친구를 격려하는 시간을 가질 수도 있다. 간혹 여러 가지 아이템을 많이 만드는 학생도 있는데, 그런 학생들은 아이템을 발표하면서 다른 학생들의 반응이 좋은 아이템으로 결정하는 경우가 많다.

아이템 단계를 어려워하는 학생도 종종 있는데 딱히 생각나는 이야기가 없어서인 경우가 많다. 사실 학생들은 자신이 생각하는 것보다 재밌는 일들을 일상 속에서 많이 겪고 있다. 이 소재들은 다 영화의 아이템이 될 수 있다. 특히 일상 속에서 얻은 소재들은 학생들이 직접 겪은 일이기 때문에 상대적으로 구체적이고, 섬세한 감정과 내용을 이끌어내기 쉽다. 어쩔 때는 자신의 경험이나 고민을 영화 소재로 써보면서 현실에서는 해결하지 못한 일을 영화로 해결하며 위로를 받기도 한다.

그러므로 아이템을 정하는 데 어려워하는 학생이 있다면 자신이 경험한 것들 중에서 인상적인 경험을 소재로 써보라고 추천한다. 다만, 자신의 일을 있는 그대로 쓰는 것은 연출자에게 큰 고난이 될 수도 있고, 나를 다 드러내는 것 같은 창피함을 느낄 수도 있다. 그럴 때는 적절한 각색이 큰 도움이 된다. 자신의 경험과 허구를 섞어서 조금 다른 새로운 이야기를 만드는 것이다. 이렇게 하면 연출자의 부담감을 덜 수도 있고, 오히려 원래보다 더 좋은 이야기가 나오기도 한다. 다른 학생들이나 교사가 함께 각색 방향을 의논하고, 아이디어를 내줄 수 있다는 것이 영화 동아리의 장점이기도 하니 적극적으로 이용하면 좋겠다.

> **Tip**
>
> 아이템 정하기 시간부터 각자 '아이디어 공책'을 만들어서 자신과 다른 사람의 아이디어를 정리해보자. 순간순간 떠오른 아이디어를 잊어버리지 않을 수 있는 좋은 방법이다.

2. 시놉시스 쓰기

아이템을 만들었으면, 이제 이 아이템을 구체화하는 작업이 필요하다. 이 작업이 바로 '시놉시스'이다. 시놉시스란 영화의 내용을 간단하게 정리한 글을 말한다. 보통 10분짜리 단편 영화는 A4 용지 절반 정도 되는 양의 시놉시스가 나온다.

한 줄의 아이템에서 한 장짜리 시놉시스를 뽑아낸다는 것은 많은 고민이 필요한 작업이다. 학생들은 이야기 속에 필요한 등장인물들을 만들어야 하고, 주인공에게 사건이 발생하는 상황과 그 사건을 해결하는 과정을 상상해야 한다. 그렇게 기승전결이 존재하는 하나의 이야기를 만들어야 하는 것이다. 이 과정에서 가장 중요한 것은 '캐릭터'와 '플롯'이다.

먼저 아이템에서 잠깐 만들었던 캐릭터를 좀 더 구체화하는 작업이 필요하다. 캐릭터를 살아 있는 사람처럼 느껴지도록 만들어야 한다. 학생들이 차근차근 주인공의 성격과 특징, 주변 환경과 살아온 배경을 정리해서 적을 수 있도록 하면 좋다. 앞서 '수업에서 영화 만들기' 부분에 나왔던 것처럼 자기소개서로 만들어도 괜찮고, 줄글로 주인공의 설정을 쭉 적어도 좋다. 교사가 직접 여러 항목을 제시해도 괜찮다. 어떤 방법이든 학생들이 확실한 하나의 주인공 캐릭터를 가질 수 있으면 된다.

캐릭터 말고도 또 하나, 플롯이 여기에서 중요하게 다뤄진다. '플롯'이란 이야기 속 일련의 사건들이 각각 연관되어 '개연성'을 가지는 이야기 구조를 말한다. 플롯은 '쓴다'고 하지 않고 '짠다'고 말한다. 즉, 개연성 있게 연결된 구조로 짜는 것이다. 학생들은 바로 이 플롯이 드러나게 시놉시스를 써야 한다.

막상 말은 어려운 데 반해 학생들에게 적용하는 방법 자체는 쉽다. 학생들이 생각한 이야기가 있으면 '왜 이 친구는 이런 행동을 하지?'와 '그래서 이 친구는 어떤 행동을 할까?'를 계속 질문해 나가면 된다. 예를 들어, "몰컴 비법을 연구하는 주인공이 있어요."라고 했을 때, "이 친구는 어떤 행동을 할까?"라고 물으면 "연구 중인 몰컴 비법이 가능한지 친구한테 실험해볼 것 같아요."라는 답이 나온다. 그러면 "왜 이 친구는 친구한테 실험을 하는 거지?"라고 물어보면 "왜냐하면 자기는 몰컴 실험을 해보다가 엄마한테 혼나기 싫어서 친구로 대신하는 거예요."라는 답이 나온다.

이렇듯 순차적으로 질문하면서 일련의 사건들이 개연성을 갖도록 이야기를 끌어나가면 된다. 기본적으로 학생들도 이야기에 개연성이 없을 경우 내용이 뜬금없고 황당해진다는 것을 알고 있다. 시놉시스를 다 같이 읽어보고 피드백할 때, 가장 먼저 문제점으로 지적되는 것이 이 부분이기도 하다.

3. 시나리오 만들기

이제 시나리오를 만들어볼 차례이다. 일단 시나리오로 들어가기 전에 신 나누기부터 시작해야 한다. 시놉시스를 토대로 시간과 장소를 나누어 신 넘버를 매기고, 해당 장면에서 보여주고자 하는 상황이나 사건을 간단하게 서술하여 신 구분표를 만들면 된다. 이 신 구분표를 만들면서 시놉시스에서 간단히 적었던 것들을 어떻게 장면으로 만들어 보여줄 것인지를 생각해야 한다.

예를 들어 시놉시스에 '몰컴 비법을 연구하는 진형'이라고 적었다면 이것을 어떻게 장면화해서 보여줄 것인지 생각해야 한다. 어두운 방 안 책상 앞에서 커다란 설계도에 몰컴 비법 연구서를 만들고 있는 진형이를 보여줄 수도 있고, 해체된 컴퓨터 앞에 앉아 수첩에 열심히 무언가 적고 있는 진형과 수첩에 적힌 《몰컴 비법 연구책》이라는 이름을 보여줄 수도 있다. 시놉시스의 같은 한 문장도 어떻게 보여주는가에 따라 분위기와 의미가 달라질 수 있다. 그러므로 내가 보여주고 싶은 것이 무엇인지를 생각하면서 신을 구성해야 한다.

다음은 신 구분표의 예시이다.

〈엄청 완벽한 몰컴하는 방법〉 신 구분표

S#1. A의 방/ 밤

어두운 방 안. 몰컴 비법을 연구하고 있는 A. 스케치북에 설계도 같은 것을 그린다. 《엄청 완벽한 몰컴하는 방법》이라는 비법서를 완성한다.

S#2. 교실/ 낮

B가 신나서 교실에 들어온다. 컴퓨터를 샀다고 A에게 알리는 B. A는 B에게 1신에서 완성했던 몰컴 비법을 전수해준다.

S#3. B의 방/ 밤

A에게 전수받은 대로 몰컴을 시도하는 B. A의 목소리가 내레이션으로 나오고, B가 내레이션을 따라 움직인다. 컴퓨터를 하는 B 뒤로 엄마의 실루엣이 보이면서 신이 끝남.

S#4. 교실/ 낮

B는 A에게 "엄크를 어떻게 버텼냐"고 물어본다. A는 "자기는 몰컴을 해본 적이 없다."고 말한다.

S#5. A의 방/ 밤

A는 1신에서 만들었던 비법서에 빨간 펜으로 X표를 크게 그린다.

신 구분표를 완성했으면 이제 이것을 시나리오로 만들면 된다. 큰 동선이나 중요한 대사를 미리 신 구분표에 적어놓았다면 비교적 시나리오를 쓰기 쉬워진다. 시나리오를 쓰는 방법은 앞서 나온 학교 수업 파트와 동일하다.

시나리오를 쓸 때, 학생들에게 자주 말해주는 팁이 몇 가지 있다.

시나리오 쓰기는 영화의 이미지를 보여주는 일이다.

'가능한 대사로 설명하기보다는 이미지로 보여줘야 한다'와 '신의 시작은 늦게, 끝은 빠르게', 이 두 가지이다. 이미지로 보여줘야 한다는 점은 영화 제작에 앞서 열심히 수업하고 활동해봤던 때 계속 강조했던 부분과 같은 이유이다. 영화는 대사보다 이미지로 정보를 전달해야 한다. 구구절절 대사로 상황을 설명하고 감정을 표현하는 장면만큼 영화를 재미없고 지루하게 만드는 것도 없다.

'신의 시작은 늦게, 끝은 빠르게'라는 말은 신을 절약적으로 써야 한다는 뜻이다. 한 신에서 필요 없는 정보가 너무 많으면 영화가 전체적으로 어수선해지고, 무엇에 집중해야 하는지 알 수 없게 된다. 그러므로 꼭 보여줘야 하는 것은 보여주되 절약적이어야 한다. 무엇보다 중요한 것은 우리가 이 시나리오를 찍을 수 있는가를 판단할 수 있어야 한다는 것이다. 욕심이 넘쳐서 찍을 수도 없는 시나리오를 쓰면, 결국 그 시나리오는 버려지게 될 것이다. 동아리 상황에 맞춰서 자신이 할 수 있는 것과 없는 것을 학생이 판단해서 쓸 수 있도록 알려줘야 한다.

다 같이 시나리오를 완성하면 함께 시나리오를 돌려 읽는 시간을 가진다. 학생들이 서로의 시나리오를 피드백하면서 좀 더 완성도 있게 시나리오를 만들 수 있도록 조언해줘야 한다. 이렇게 시나리오를 읽고 의견을 나누는 시간은 시나리오를 쓴 사람에게도, 보는 사람에게도 중요하다. 이 시간을 많이 가질수록 시나리오는 완성도를 더하고, 학생들이 시나리오를 보는 눈은 성장한다. 여기서 나오는 여러 가지 의견은 연출의 선택에 따라 쓰일 수도 있고, 쓰이지 않을 수도 있다. 자신의 영화에 필요한 조언을 거르고 선택하는 것도 학생들이 꼭 해봐야 하는 중요한 경험이다.

> **Tip**
> 시나리오를 수정할 때 빨간색 글씨로 이전 시나리오랑 달라진 부분을 표시해주면 피드백 시간 때 시나리오를 읽는 시간을 절약할 수 있다.
> 시나리오를 수정하더라도 이전 버전은 지우지 말고 모아두는 것이 좋다. 수정한 부분이 마음에 들지 않는 경우 되돌리기가 편하다.

4. 스태프 구성하기

이제 영화 촬영에 앞서 스태프를 구성해야 한다. 실제 영화 촬영 현장에는 정말 많은 스태프들이 있고, 그만큼 많은 보직이 있다. 하지만 학생들이 만드는 영화는 상업 영화와 달리 참여하는 스태프의 수가 많지 않기 때문에 꼭 필요한 보직만 추려내야 한다. 나는 영화 동아리에서 스태프는 보통 연출, 촬영, 프로듀서, 사운드, 미술, 스크립터로 나눈다. 여기에 추가적으로 조연출이나 촬영 보조, 미술 보조 등의 스태프가 더 들어갈 수 있다. 하지만 꼭 필요한 스태프는 이 여섯 가지로, 동아리 회원 수가 6명 미만으로 적다면 한 사람이 여러 보직을 맡아야 한다. 다음은 동아리 영화에서 각 보직이 맡는 일에 대한 간단한 설명이다.

연출

영화의 연출자로 영화감독과 같은 뜻이다. 연출은 모든 것을 선택하는 사람이라고 생각하면 된다. 영화의 컷, 배우, 장소, 소품, 의상, 컷의 NG와 OK까지 정말 모든 것을 결정해야 한다. 영화의 처음부터 끝까지 모든 것을 책임지고 만들어내는 사람으로 학생 영화에서는 보통 시나리오도 연출이 쓴다.

촬영

카메라를 가지고 영화를 찍는 사람이다. 시나리오를 어떻게 이미지로 보여줄 것인지를 연출과 함께 결정한다. 말 그대로 영화의 이미지를 책임지는 사람이다. 조명 담당이 따로 없는 경우에 촬영이 조명을 함께 담당한다.

프로듀서

영화의 행정적인 부분들을 담당하고 스태프들도 돌봐야 하는 역할이다. 장소 섭외나 비품 구매 등 돈에 관련된 부분을 관리한다. 또 촬영이 제때 끝날 수 있도록 시간을 관리해줘야 한다. 무엇보다 중요한 일은 스태프들을 챙기는 것이다. 스태프들이 춥거나 배고프지 않게 핫팩을 사오기도 하고 밥도 사온다. 날씨나 촬영 스케줄도 프로듀서가 담당한다.

사운드

영화에 들어가는 소리를 담당하는 사람이다. 사운드는 크게 동시 녹음과 후반 작업으로 나뉜다. 연출의 결정에 따라 사운드가 동시 녹음만 담당하기도 하고, 후반 작업까지 함께하기도 한다. 촬영 현장에서는 배우의 대사뿐 아니라 영화에 필요한 많은 소리를 녹음해야 하고, 후반 작업 때는 영화의 음악, 효과음, 폴리 등 다양한 사운드 작업을 진행해야 한다.

미술

영화에 등장하는 소품, 의상 등의 모든 미술적인 요소를 담당하는 사람이다. 학생 영화에서 따로 분장 담당이 없는 경우, 미술이 분장까지 담당한다. 장면에 맞는 소품과 의상을 연출과 상의해 결정하고, 결정된 소품들을 직접 구하거나 만든다. 촬영 때는 카메라 앵글에 잡힌 공간을 세팅해야 한다.

스크립터

영화에서 콘티뉴이티를 담당한다. 콘티뉴이티란 연결을 뜻하는 것으로 흔히 말하는 '옥의 티'가 생기지 않도록 화면을 관리하는 사람을 말한다. 촬영 때 필요한 보직으로 배우가 왼손으로 물을 마셨는지, 오른손으로 물을 마셨는지 등 컷의 연결을 확인해야 한다. 또 동시 녹음 사운드와 컷의 테이크 넘버를 기록해서 편집 때 같은 영상과 사운드를 찾을 수 있게 해주는 사람이다.

스태프를 구성할 때 학생들은 보통 둘로 나뉘는데, 어떤 학생은 어떤 보직이든 다 한 번씩 해보고 싶어 하는가 하면 어떤 학생은 하나만 열심히 판다. 딱히 이거든 저거든 상관없어 하는 학생들도 많다. 일단 스태프는 학생 본인이 하고 싶어 하는 것을 할 수 있도록 하는 것이 좋다. 하고 싶은 의지 없이 맡으면 아무래도 책임을 다하지 않는 경우가 생기고, 그렇게 되면 다른 스태프들과 연출이 크게 고생한다.

보직을 맡을 때는 그 보직이 가진 일에 대한 책임감이 필요하다. 또 자신이 최선을 나해서 열심히 영화에 참여해야 다음 번 자신의 영화를 찍을 때 다른 친구들이 열심히 참여해준다는 점을 학생들이 인지해야 한다. 열심히 하지 않는 학생의 영화에는 다른 친구들도 열심히 해주지 않게 되고, 그럼 그 학생은 혼자서 과도한 일을 처리해야 한다.

> **Tip**
> 학생 단편영화의 엔딩 크레디트를 보면서 다른 학생들은 어떻게 스태프를 구성했는지 보면 스태프 구성에 도움이 된다.
> 촬영 날짜를 잡는 것은 스태프를 구성한 뒤에 하는 것이 좋다. 날짜 잡기가 어려운 경우 가장 필요한 주요 스태프만 모아서 찍을 수도 있기 때문이다.

5. 배우·장소 섭외하기

이제 시나리오에 맞춰서 배우와 촬영 장소를 섭외해야 한다. 먼저 배우 섭외부터 해보자. 영화 동아리에서 영화를 제작할 때 정말 어려운 것이 배우 섭외다. 보통 연출자의 친구나 주변 사람들에게 역할을 부탁하는데, 영화에 나오는 것을 부담스러워하는 친구들이 많아서 원하는 대로 캐스팅되지 않는다. 그러므로 친구를 영화에 나오게 하려면 영화를 찍기 전에 열심히 꾀는 작업이 필요하다. 연출자인 친구가 맛있는 것도 사주고 설득도 해가면서 배우를 해줄 친구가 부담스러워하지 않도록 잘 이야기를 나눈 뒤 캐스팅해야 한다.

학생들이 캐스팅을 진행할 때 교사는 캐스팅이 잘 되어가고 있

영화 촬영 날 조연을 맡은 남학생과 여학생이 펑크를 낸 적이 있다. 결국 해당 영화의 촬영감독과 감독이 배우로 출연을 하게 되었다. 촬영감독의 경우는 다른 친구가 촬영을 맡아서 콘티대로 진행했기 때문에 크게 문제는 없었지만, 감독은 본인이 연기를 하는 동안에는 스스로 촬영 화면을 모니터할 수가 없었다. 그래서 매번 찍은 테이크를 리플레이해서 확인해야 했기 때문에 촬영 시간을 많이 잡아먹었다. 다행히 전체적인 촬영 스케줄을 넉넉하게 잡아놔서 시간 내에 다 찍을 수 있었다.

는지 한 번씩 확인해야 한다. 캐스팅을 학생에게만 맡기고 확인하지 않으면 촬영 때 문제가 생기기도 한다. 배우를 맡기로 한 친구가 못하겠다고 하는 경우가 많기 때문이다. 한 번은 배우가 촬영하는 당일에 펑크를 낸 적이 있었다. 결국 그 영화에서는 감독이 직접 해당 배역으로 출연했다. 배우를 맡기로 약속한 친구가 있다면 최대한 빨리 스케줄을 확인해서 시나리오 리딩을 하는 것도 좋은 방법이다. 함께 리딩하고 의상 회의를 하면 배우를 맡은 친구도 그 영화에 소속감을 가지기 때문이다. 영화에서 자신이 중요한 역할을 해야 한다는 책임감을 가지면 배우가 중간에 빠지는 일을 줄일 수 있다.

가끔 연출을 맡은 친구가 주변에 이미지가 맞는 사람이 없다고 하는 경우가 있는데, 그때는 동아리 친구들 중 혹시 이미지가 맞는 사람이 있으면 소개를 받아 캐스팅할 수도 있다. 특히 연출자의 또래가 아닌, 어른이나 아이 역할이 필요한 경우에 문제가 많이 생기는데, 주변 사람들을 적극적으로 활용하고 포섭할 수 있도록 유도해야 한다.

또 친하다는 이유로 아무런 설명 없이 영화에 친구를 캐스팅하는 경우도 있다. 이런 행동은 배역을 맡은 친구에게 불안감을 주고, 영화의 중요성을 느끼지 못하게 한다. 실제로 이들을 촬영 날 만나면, 시나리오를 받은 적도 없고 어떤 캐릭터인가는커녕 어떤 영화인지도 모른 채 친구가 불러서 그냥 왔다고 말하기도 한다.

연출을 맡은 친구는 꼭 시나리오를 가지고 가서 캐스팅하고 싶은 사람에게 보여주고 캐스팅할 수 있도록 해야 한다. 그리고 영화를 찍기 전 배역을 맡은 사람과 함께 회의하는 시간을 가지는 것이 좋다. 이때 이 영화를 통해 관객에게 전달하고 싶은 바가 무엇이며, 어떤 식으로 촬영을 진행할 것인지, 촬영 스케줄은 어떻게 되는지 등을 이야기하고, 시나리오 리딩을 해봐야 한다. 처음부터 끝까지 시나리오를 읽어보면서 이 대사를 어떻게 해주면 좋을지 연출을 맡은 친구가 알려주면서 배우의 연기를 도와줘야 한다.

로케이션 사진 예시

　장소 섭외는 기본적으로 프로듀서의 역할이다. 하지만 장소를 선택하는 것은 연출이 해야 하고, 프로듀서는 그 장소의 책임자에게 허락을 구하는 일을 해주면 된다. 장소 섭외가 완료되면 해당 장소에서 여러 각도로 사진을 찍은 뒤 이를 스태프들과 공유해야 한다. 그래야 미술 담당은 공간에 필요한 것과 불필요한 것들을 분별해 공간 미술 계획을 세울 수 있고, 촬영 담당이 이 공간 안에서 어떻게 앵글을 잡을 것인지를 생각할 수 있기 때문이다. 무엇보다 가장 좋은 방법은 다 같이 촬영 전에 그 장소에 가보는 것이다. 직접 장소에 가서 각자 맡은 분야에 따라 이 장소에서 어떻게 촬영할 것인지 생각하고, 연출과 상의해서 영화 촬영 준비에 들어가야 한다.

장소 주변의 상황도 신경 써야 한다. 인근에 시끄럽거나 특정한 소음이 나는 것은 아닌지, 지나가는 사람들이 많아서 통제가 어렵지는 않은지, 개나 고양이 등 알레르기를 유발할 수 있는 것이 있는지 등 촬영에 방해가 될 수 있는 것들을 미리 확인해서 어떻게 대처할 것인지도 생각해두어야 한다.

장소 섭외는 영화를 준비하면서 가장 수정이 많은 항목 중 하나이다. 연출이 원하는 공간이 있어도 그 장소의 상황에 따라 촬영을 할 수도 있고 없을 수도 있다. 이때는 프로듀서를 맡은 학생의 처세술이 굉장히 중요하다. 경험으로는 어른들보다는 학생들이 요청하는 경우가 좀 더 허락을 구하기 쉽다. 그 대신 섭외를 요청하는 학생은 장난기를 빼고, 최대한 정중하게 요청해야 한다. 고등학생 때 영화를 찍으면서 자주 썼던 방법은, 비타민 음료 같은 것을 한 박스 사서 관계자분들을 만날 때마다 한 병씩 드리면서 부탁을 했다.

가끔 장소 섭외에 어려움을 주는 시나리오 내용이 있다. 예를 들어 종교와 관련된 영화를 찍으려는데 교회에서 꺼려할 만한 내용인 경우, 수정된 시나리오를 보여드리는 것도 방법이 될 수 있다.

Tip 장소 섭외를 영화에서 흔히 '로케이션 헌팅'이라고 말한다. 야외 로케이션의 경우 인터넷 지도의 로드뷰를 통해 미리 간단한 상황을 확인할 수 있다. 장소를 섭외한 후 화장실 등의 위치를 미리 확인하면 촬영 때 헤매지 않아도 된다.

6. 콘티 그리기

장소 섭외가 완료되면 콘티를 그릴 수 있다. 연출은 장소에 맞춰서 동선을 짜고, 촬영감독과 함께 어떤 컷들을 찍을 건지 정해야 한다. 이렇게 정한 컷을 다 같이 공유할 수 있게 그림이나 사진으로 정리한 것을 콘티라고 한다.

콘티는 연출과 촬영감독이 함께 만들어야 한다. 연출이 생각하는 컷과 촬영감독이 생각하는 컷이 다를 수 있기 때문에 함께 회의를 하면서 컷을 짜야 한다. 연출이 보여주고 싶은 것을 촬영감독에게 말해주면 촬영감독은 이것을 표현할 수 있는 멋진 컷들을 생각해야 한다. 컷을 짤 때는 의미가 없는 컷은 존재해서는 안 된다. 한 컷, 한 컷 의미를 담아서 짤 수 있도록 많이 고민하고 생각해야 한다.

만약 어떤 식으로 찍어야 하는지 고민이 된다면 만들고자 하는 영화와 비슷한 분위기나 내용의 영화를 보면서 컷을 참고하는 것도 큰 도움이 된다. 여러 가지 영화를 참고하여 '이 신에는 이런 것을 보여주고 싶고, 그래서 이런 식으로 표현하면 좋을 것 같다.'는 레퍼런스를 만들면 좀 더 쉽게 컷을 짤 수 있다. 영화에선 흔히 톤 앤드 매너라고 부른다.

교사는 콘티를 짜기 전 여러 가지 촬영 기법을 설명해주면 좋다. 영화에서 사용하는 컷의 분류법이나 촬영 기법들을 학생들과 함께 알아보고, 그것을 자신의 컷에 적용할 수 있도록 해야 한다. 보통

중학생들이 단편영화를 만들면 모든 신을 풀숏 하나로만 찍는 경우가 많다. 물론 풀숏으로만 되어 있는 단편영화들이 나오기도 하는데, 이것은 처음부터 끝까지 모든 컷을 계산해서 의미를 부여하기위해 그런 기법을 선택한 것이다.

학생들의 영화에서 풀숏으로 채워지는 경우는 보통 컷을 나눠야한다는 개념 없이 한 번에 한 장면을 전부 찍다 보니 생기는 현상이다. 교사는 혹시라도 이런 상황이 벌어지지 않게 콘티 단계에서 학생들이 다양한 컷을 활용할 수 있게 해야 한다. 가끔 화면에 자신이나 친구의 얼굴이 크게 나오는 것이 부담스러워 풀숏을 선택하는경우도 있는데, 이것은 영화를 망치게 만드는 부끄러움이다. 사람들 앞에서 하는 발표도 처음에는 부끄럽다. 하지만 그런 부끄러움은 발표를 하면 할수록 점점 사라진다. 영화에 출연하는 것도 그렇다. 처음에는 화면 속 내가 어색하고 부끄러울 수 있지만 시간이 지날수록 줄어든다. 학생들에게 이런 과정을 말해주고 첫 발표 날처럼 사실은 별일이 아니라는 것을 상기시키며 활동을 진행해야 한다.

이때 학생들은 다양한 컷과 촬영 기법을 이용하되 남발하지 않도록 해야 한다. 아무런 의미 없이 기법만 요란한 컷은 빛 좋은 개살구가 된다. 상황과 장면에 맞게 적절한 컷과 촬영 기법을 사용해야한다. 차분해야 하는 장면에서 카메라가 이리저리 움직이면 아무리그럴듯하게 움직였다고 해도 영화 전체의 분위기와 맞지 않는 촬영이 될 수 있다.

모든 컷과 기법에는 이유가 있어야 한다. 예를 들어 긴장된 상황을 연출하기 위해 핸드헬드(카메라, 혹은 조명 장치 등을 손으로 드는 것)로 찍는 것은 촬영 기법을 효과적으로 이용하는 것이다. 액션신은 핸드헬드로 찍는 경우가 많다. 그 장면 전체의 동적인 움직임을 강조하기 위해 이러한 선택을 하는 것이다.

반대로 가족끼리 평소와 같이 밥을 먹고 있는데 핸드헬드로 찍었다고 해보자. 흔들거리는 화면을 보면서 관객들은 불안감을 느끼고, 무슨 일이 벌어지는 걸까 생각하게 된다. 별일 없이 밥을 먹는 장면만 계속 이어지면 관객들은 금방 '뭐야, 별거 없잖아.' 하고 실망한다. 그 순간부터 흔들리는 화면은 영화에 집중하기 힘든 방해물이 된다. 이처럼 각 장면에 맞게 촬영 기법을 적절하게 사용해야 한다. 영화에서 멋은 부려야 할 때 부려야 멋있다. 남발하는 순간 멋이 아니라 부담스럽게 관객에게 다가간다는 점을 생각해야 한다.

교사는 이러한 점들에 유의하면서 학생들이 콘티를 짤 수 있도록 이끌어줘야 한다. 다 같이 참고할 만한 영화를 보면서 도움이 될 만한 촬영 기법들을 찾아보며 학생들이 다양한 컷을 쓸 수 있게 해줘야 한다. 학생들이 컷이 생각이 잘 안 난다고 하면 참고할 수 있는 예시를 찾아서 보여줄 수 있어야 한다. 학생들의 능력으로는 도저히 찍기 힘든 컷을 짤 때는 냉철하게 찍을 수 없는 이유를 말해주고, 다른 방법을 찾아보도록 도와주어야 한다. 그리고 학생들이 스스로 만족할 수 있는 콘티를 짤 때까지 계속 격려해야 한다.

다음은 콘티의 예시다.

Tip

1. 콘티를 그리기 전에 장소의 조감도를 그려놓으면 동선을 정할 때 유용하게 쓸 수 있다.

2. 머릿속에 생각한 컷을 다른 친구에게 설명하기 어렵다면 핸드폰 카메라를 이용해 약식으로 찍어서 보여주는 것도 방법이다.

아이들이 직접 짠 콘티 예시

연출   김태영
촬영   김태영

S# C#	3	지문	대사
5	 마우스를 잡은 손 C.U	마우스를 잡은 손. 빠르게 손을 움직이면서 클릭을 한다.	
6	 게임 화면 C.U	게임 화면 캐릭터가 화려하게 움직이고 있다.	
7	 A 정면 단독 B.S	게임을 하고 있는 A	
8	 A 측면 단독 B.S	게임을 하고 있는 A. 얼굴이 점점 모니터와 가까워진다.	

아이들이 직접 짠 콘티 예시 2

7. 촬영하기

촬영에 들어가기 전 스케줄표를 짜두면 진행하는 데 큰 도움이된다. 신을 어떤 순서대로 촬영하는지 모든 스태프가 확인하기 편하고, 촬영이 늦어지지 않게 시간을 관리하는 데도 굉장히 유용하다. 스케줄표를 만들 때는 주어진 시간을 어떻게 나누어 쓸 것인가를 정하는 일이 제일 중요하다. 프로듀서와 연출이 각 신에서 찍어야 하는 컷 수를 보고 대략 어느 정도의 시간이 걸릴지 예상해서 시간을 분배해야 한다.

한 컷에 걸리는 시간은 동아리 학생들의 성격이나 성향마다 크게달라진다. 그러므로 교사는 촬영에 들어가기 전 모의 촬영을 해보면서 학생들에게 한 컷당 대충 어느 정도의 시간이 필요한지를 파악할 수 있게 하면 본 촬영 진행에 도움이 된다.

각 신당 적절한 시간을 배분해서 스케줄표를 짰다면, 촬영 현장에서 프로듀서는 그 스케줄표에 맞춰서 촬영을 진행할 수 있도록시간 관리를 해주면 된다.

다음은 촬영 스케줄표 예시다.

〈아무말도 없었다〉 일일 촬영 계획표

| | | | | | | | 연출 | 박지민 |
| | | | | | | | 프로듀서 | 손재호 |

| 촬영
날짜 | 2017. 10. 21
토요일 | 일출
시간 | AM 06:47 | 날
씨 | 구름 조금 | 회
차 | 1회차 |
| | | 일몰
시간 | PM 05:58 | | | | |

| 모이는
장소 | 장곡중학교 운동장 | 모이는 시간 | 아침 9시 |

| 전체
일정 | AM 09:00 ~ 09:30 장곡중학교 운동장 스태프 집합, 장소 이동, 촬영 준비
　　　09:30 ~ 10:00 배우 콜타임 리허설 진행
　　　10:00 ~ 10:30 S#3 촬영
　　　10:30 ~ 01:00 S#5 촬영
PM 01:00 ~ 02:00 점심시간
　　　02:00 ~ 02:30 월곶동으로 장소 이동
　　　02:30 ~ 03:00 촬영 준비, 리허설
　　　03:00 ~ 04:00 S#1 촬영
　　　04:00 ~ 04:30 장곡동으로 장소 이동
　　　04:30 ~ 05:30 S#2 촬영 |

촬영 내용	신	컷 수	낮/ 밤	장소	배우	내용
	3	2	낮	가로수 길	태희, 지민, 재호, 동휘	이야기하면서 걸어가는 친구들. 태 희는 걸어가는 친구들을 찍는다.
	5	6	낮	학교 앞	태희, 지민, 재호, 동휘, 민수	지나가던 민수에게 사진을 찍어달 라고 부탁하는 태희
	1	3	낮	아파트 현관	태희, 지민, 재호, 동휘	태희의 집 앞에서 태희를 기다리는 친구들. 다 같이 집을 나선다.
	2	3	낮	교복 가게 앞	태희, 지민, 재호, 동휘	좋아하는 아이돌 포스터를 발견한 친구들. 태희 친구들이 장난치는 사진을 찍는다.

	신	장소	상세 장소/ 주소		
촬영 장소	3	가로수길	장곡중학교 옆 아파트 단지 사잇길		
	5	학교 앞	장곡중학교 교문 앞		
	1	아파트 현관	월곶풍림아파트 2차 206동 1801호		
	2	교복가게 앞	장곡동 809-1번지 교복집 앞		
연락망	박지민 000-0000-0000 손재호 xxx-xxxx-xxxx 이태희 △△△-△△△△-△△△△ 김동휘 999-9999-9999 김태영 666-6666-6666 고들풀 888-8888-8888 서민수 777-7777-7777			비고	각 장소나 이동할 때 S#4의 몽타주 컷들을 찍어야 함

촬영의 첫 시작은 장비를 챙기는 것이다. 기본적으로 필요한 장비는 카메라, 삼각대, 동시 녹음기, 마이크, 조명 장비, 슬레이트이다. 이 외에 더 필요한 것들이 추가되거나 상황에 따라 제외되기도 한다. 다 제외하고 카메라만 있어도 영화는 찍을 수 있다. 그러므로 동아리의 상황에 맞춰서 쓸 수 있는 장비가 뭐가 있는지 생각해야 한다. 동아리에서 촬영할 때는 그 동아리가 가진 자금에 따라서 쓸 수 있는 장비가 크게 달라진다. 동아리에 지원금이 충분히 나온다면 좀 더 전문적인 장비를 써보는 것도 재미있는 경험이 된다. 인터넷을 통해 근처에 있는 촬영 장비 렌털숍을 찾아보고 장비를 대여해서 사용하면 된다.

촬영 장비는 생각보다 싸게 대여할 수 있는 방법들이 많다. 장비를 대여해주는 곳은 대부분 학생 할인을 하는 경우가 많은데, 대여자가 학생인 경우 20~30퍼센트 정도 할인된 가격으로 대여해준다. 또 장비 업체가 진행하는 지원 사업에 시나리오를 제출해서 장비를 지원받을 수도 있다. 장비 대여 업체 중에는 시나리오를 공모하고, 그중 몇 편을 선발하여 장비를 무료로 대여해주는 행사를 종종 진행한다. 이런 행사를 이용해 장비를 대여하는 것도 하나의 방법이다. 물론 이런 지원 프로그램은 장비 업체 말고도 여러 단체에서 진행하고 있으니 그런 지원 프로그램을 잘 찾아서 참가하는 것도 좋다. 만약 장비를 대여해 이용하려는데 사용법을 모른다면 렌털숍에서 장비를 빌릴 때 물어보면 된다.

촬영 장비를 대여할 돈도 없고 지원금도 받지 못했다면 주변에 있는 것들을 이용하면 된다. 가령 집에 동영상을 찍을 수 있는 카메라가 있다면 그것을 이용할 수 있다. 카메라도 없다면 핸드폰을 이용하면 된다. 요즘은 핸드폰 카메라의 성능이 꽤 좋게 나와서 생각보다 괜찮은 화면을 찍을 수 있다. 핸드폰을 이용하는 경우에는 관련 앱을 활용할 수 있다. 보통 핸드폰에 기본적으로 설치되어 있는 카메라 앱은 30프레임만 지원하는 경우가 많다. 하지만 영화는 프레임 수가 24로, 초당 24장의 사진으로 이루어진 것이 특징이다(더 정확히 요즘에는 24프레임이 아니라 23.976프레임이다). 그래서 상대적으로 30프레임으로 설정된 핸드폰 카메라는 영화적인 느낌이 잘 안 나오는 경우가 많다. 이때 이용할 수 있는 것이 카메라 앱이다. 여러 가지 카메라 앱 중에는 24프레임의 동영상을 지원하는 것들이 있다. 이런 앱을 다운 받아서 촬영하면 보다 영화다운 화면을 찍을 수 있다.

집에서 사용하는 스탠드나 등과 같은 것들이 훌륭한 조명이 되기도 한다. 조명 가게에서 여러 가지 전구와 소켓을 사서 조명으로 쓰기도 하고, 핸드폰에 달린 라이트는 약한 불빛이 필요할 때 자주 쓰게 된다. 커튼도 빛을 조절할 때 유용하게 쓰인다. 특히 우드록과 같은 하얀색 판판한 것들은 반사판으로 많이 이용한다. 보통 우드록을 가장 많이 쓰는데, 실제 촬영 현장에서도 비슷한 것들을 다양한 방법을 이용해 사용하고 있다.

그리고 사운드 장비가 있는데, 사실 사운드 장비는 학생 영화에서 가장 먼저 포기하는 장비 중 하나다. 카메라에도 녹음 기능이 존재하기 때문이다. 별도의 사운드 장비를 쓰지 않고, 카메라 사운드로 동시 녹음을 대신하는 경우가 정말 많다. 사운드 장비는 보통 대여가 아니고는 구할 방법이 많지 않다. 그래서 제작비가 없을 때 그냥 포기하고 카메라 사운드를 쓰는데, 그러면 풀숏처럼 비교적 카메라가 인물에게서 먼 숏들은 인물의 대사나 움직이는 소리가 잘 안 들린다.

이런 경우 그나마 사용할 수 있는 방법은 핸드폰 녹음기를 이용하는 것이다. 인물과 최대한 가까운 곳이면서 카메라에는 보이지 않는 곳에 핸드폰을 두고 녹음 앱을 이용해 사운드를 녹음하면 그나마 좀 더 괜찮은 소리를 딸 수 있다. 내가 썼던 방법 중에는 긴 봉 끝에 핸드폰을 붙여서 붐 마이크처럼 이용하기도 했다. 단, 야외에서는 바람소리가 녹음되는 경우가 많기 때문에 주의해야 한다. 스펀지를 끼워 핸드폰의 마이크 부분을 감싸면 바람소리가 녹음되는 것을 방지할 수 있다.

사운드를 따로 녹음하는 경우에는 반드시 슬레이트가 있어야 한다. 슬레이트는 영상과 소리의 싱크를 맞추는 데 도움을 주는 장비로, 슬레이트가 없으면 싱크를 맞추기가 정말 어렵다. 인물의 대사나 주변 소리를 듣고 싱크를 맞춰야 하는데 이러면 시간이 굉장히 많이 소비된다. 슬레이트가 있으면 영상에서 슬레이트의 막대가 부딪치는 순간과 사운드 파일에서 부딪치는 소리의 시작 지점을 찾아 싱크를 딱 맞출 수가 있다. 상대적으로 싱크를 맞추는 시간을 아주 많이 줄일 수 있다. 그러므로 슬레이트가 있다면 꼭 챙기도록 한다.

만약 슬레이트가 없다면 박수를 치는 것으로 대신할 수 있다. 사운드를 따로 따지 않고 카메라 사운드를 이용한다면 슬레이트가 굳이 필요하지 않다. 그럴 때는 슬레이트를 치지 않고 신, 컷, 테이크만 적어서 편집할 때 비교적 편하게 영상을 찾을 수 있게 도와주면 된다.

장비는 촬영 당일이나 전날 연출과 촬영, 사운드 등 해당 장비를 이용하는 기술 팀이 대여하는 것이 좋다. 촬영 날 각 보직은 각자 맡은 일에 최선을 다해야 한다. 각 보직마다 어떤 일을 해야 하는지 간단하게 적어보았다.

연출

연출은 신을 찍을 때마다 전체적인 동선을 설명해줘야 한다. 그리고 각 컷마다 시나리오의 어디서부터 어디까지 찍는지를 배우에게 알려야 한다. 따로 조연출이 없다면 다른 스태프들에게도 알려주는 것이 좋다. 카메라 앵글이 잡히면 앵글을 보면서 리허설을 진행하고, 수정해야 하는 부분들을 각 스태프와 배우들에게 알려줘야 한다. 촬영에 들어가면 NG와 OK를 결정하고, NG인 경우에는 무엇 때문인지를 설명해야 한다. 또 배우의 연기를 디렉팅해야 하는데, 배우의 감정이 영화의 전체적인 흐름에 맞는지를 판단해서 배우에게 지속적으로 피드백해야 한다.

촬영

촬영감독은 촬영에 들어가기 전 카메라를 세팅해야 한다. 세팅이 완료되면 콘티를 확인하고 앵글을 잡는다. 최대한 좋은 앵글을 잡을 수 있도록 열심히 궁리해야 한다. 만족할 만한 앵글이 잡히면 포커스가 맞는지 확인한 후 조명을 세팅한다. 조명까지 세팅이 완료되면 리허설을 진행하고, 카메라에 무빙이 있는 경우 리허설 동안 무빙을 연습해야 한다. 해당 컷의 촬영이 종료되면 다음 컷을 확인해서 다시 세팅에 들어가야 한다. 한 신의 촬영이 끝나면 더 필요한 컷이 없는지 한 번 더 확인하고, 찍을 만한 인서트 컷이 있는지도 확인하여 필요한 경우 연출에게 이야기해서 찍을 수 있도록 하는 것이 좋다.

사운드

촬영에서 사운드는 동시 녹음을 맡는다. 먼저 사운드 장비를 세팅하고, 시나리오를 확인해서 해당 컷에서 필요한 사운드가 무엇인지를 확인한다. 앵글이 정해지면 앵글을 보고 어디서 어떻게 녹음해야 하는지를 결정해야 한다. 이때 마이크나 자신의 그림자가 화면에 나오지 않도록 조명기나 태양 등 광원의 위치를 확인해야 한다.

촬영에 들어갔을 때, 배우의 동선에 따라 마이크도 함께 움직이면서 배우의 소리를 딸 수 있도록 해야 한다. 자신이 움직여야 할 때는 자신의 발소리가 들리지 않도록 주의해야 한다. 보통 녹음되는 소리는 동시 녹음을 맡은 학생만 확인하는 경우가 많기 때문에 사운드의 NG와 OK를 판단해야 한다. NG와 OK가 명확지 않을 때는 연출에게 소리를 들려줘서 연출이 선택하게 해야 한다. 한 신의 촬영이 끝나면 혹시라도 더 필요한 사운드가 없는지 확인하고, 필요한 사운드가 있다면 녹음해야 한다.

미술

미술은 먼저 배우의 의상과 소품을 세팅해야 한다. 원래 정해져 있던 세팅을 완료한 뒤 앵글이 잡히면 앵글을 확인하면서 다시 한번 세팅을 조정한다. 불필요한 것들은 빼고, 필요한 것들만 넣어가면서 매 컷마다 공간 미술을 확인해야 한다. 그리고 따로 분장이 없는 경우에는 특수분장이나 배우의 상태도 함께 담당한다. 배우가 화면에 나오는 모습을 확인해서 머리나 의상을 정리해줘야 한다. 한 신의 촬영이 끝나면 사용된 소품을 챙겨야 하고, 다음 장소를 세팅해야 한다.

프로듀서

프로듀서는 촬영 시간을 계속 관리해줘야 한다. 사람들이 제때 모였는지를 확인하고, 늦어지는 사람이 있으면 계속 연락을 취해야 한다. 또 장소를 빌릴 때는 도착하기 전에 책임자에게 전화를 걸어서 장소가 준비되었는지 확인해야 한다. 비품이나 소품이 필요한 경우 프로듀서가 구해와야 하고, 촬영 시간이 늦어지지는 않는지 끊임없이 확인해야 한다. 늦어지는 경우 연출을 닦달해서라도 최대한 시간에 맞출 수 있게 해야 한다. 스태프들의 밥을 책임지는 것도 프로듀서이다. 스태프들이 제때 밥을 먹을 수 있도록 밥을 사오거나 식당에 전화를 해둔다. 각 장소의 촬영이 끝나면 반드시 사람들이 뒷정리를 잘할 수 있도록 지휘하고, 혹시라도 빼먹고 가는 것이 없는지 확인해야 한다. 촬영이 늦은 시간까지 이어지면 스태프들과 배우들의 막차 시간을 확인해야 한다.

스크립터

스크립터는 촬영하는 동안 컷의 연결을 확인해야 한다. 스크립북에 영상의 신, 컷, 테이크 넘버를 기록하고, 그에 맞는 사운드 넘버를 계속 기록해야 한다. 혹시라도 틀리는 경우가 없도록 계속 사운드에게 넘버가 맞는지 확인하는 것이 좋다.

촬영이 진행되는 동안에는 배우의 동선을 확인하고, 소품의 위치가 달라지지 않았는지도 확인한다. 동선이 너무 많아서 헷갈릴 때는 핸드폰 카메라로 동영상을 찍어서 확인하는 방법도 좋다.

< 아무맣도 없었다 > 스크립   연출 박지민
                              스크립터 손재호

씬	5	컷	2	내용	태희 카메라 POV / 사진을 찍는 3명	날씨	구름 조금	렌즈	35
								노출	4
								ISO	200

컷의 시작	컷의 끝
	동일

배우의 행동과 대사

① 재호가 종이를 폭 접고 종취 뒤종. 지민이 마지막으로 등종.

② 사진 찰칵.   지민- 왼쪽. 동희 - 신호 : 재호 - 맞은
                                              (오른쪽에서 동종)
③ 재호 - 지민 - 종희 순으로 카메라 동네에 뒤종.

카메라 위치	사운드
	재로 소리가 큼.
	바롬 왔다갔다...
	(35) 사운드 NG.

테이크	사운드 넘버	내용	비고
1	32	뒤에 오는 사람이 카메라 봄,.	NG
2	33	배우 대사 NG	NG
3	34	괜찮은데. 중간에 차소리 들어감(제로 등 접음. 대사랑 안 맞침)/사운드 녹음. (35번)	keep
4	36	좋.	OK

스크립북 예시

스스로 촬영하며 많은 것을 배운다.

영화를 촬영하는 날에는 되도록 교사는 근처에 있거나, 항상 연락이 가능한 상태여야 한다. 언제 무슨 일이 벌어질지 모르니, 학생들끼리 해결할 수 없는 문제가 생겼을 때를 대비해야 한다. 특히 장소를 따로 섭외했거나, 촬영 장비를 대여한 경우에는 되도록 교사가 같이 있어주는 것이 사고나 문제를 방지할 수 있다. 하지만 교사는 학생들의 촬영에는 최대한 손을 대지 않는 것이 좋다. 촬영은 학생들끼리 스스로 진행할 수 있어야 영화 동아리라고 부를 수 있다.

촬영이 끝나면 다 같이 모여서 마무리 회의를 진행한다. 촬영 기간 동안 어떤 문제가 있었는지, 앞으로는 어떻게 이 부분을 보완할 것인지를 이야기하면서 서로 반성하는 시간도 가지고, 각자에게 고마웠던 점이나 좋았던 점을 말하면서 칭찬하는 시간을 가져야 한다. 촬영하는 동안 학생들 대부분은 신경이 예민해져 서로에게 오해나 불만이 생기기 쉬운데, 이것이 오래 지속되면 문제가 생길 가능성이 커진다. 따라서 촬영 중 생긴 문제는 촬영이 끝나자마자 빠르게 푸는 것이 좋다.

8. 편집하기

촬영을 마치면 이제 편집에 들어간다. 편집은 편집 프로그램이 있어야 가능한데, 영화를 한 편만 편집할 때는 편집이 가능한 컴퓨터가 한 대면 충분하기 때문에 동아리 활동 시간에 다 같이 편집하면 된다. 하지만 같은 기간에 여러 편의 영화를 편집해야 할 때는 동아리 활동 때 편집하기가 어렵다. 컴퓨터나 노트북의 수가 부족하기 때문이다. 그래서 학생들에게 집에서 편집을 해오라고 했는데, 여기저기서 도와달라는 요청이 왔다. 집에 컴퓨터가 오래돼서 프로그램이 깔리지 않는다는 친구부터, 컴맹이라 정말 아무것도 모르겠다는 친구까지 많은 문제 사항이 있었다.

그래서 그다음부터는 아예 동아리에서 사용하는 노트북 하나를 정해놓고, 거기에 편집 프로그램을 깐 뒤 약 2주일의 편집 기간 동안 노트북을 나눠서 썼다. 일주일 중 연출자가 시간이 될 때 동아리에 와서 편집하는 것이다. 월요일에는 서진이가 와서 본인 영화를 편집하고, 수요일에는 지수가 와서 본인 영화를 편집하고, 목요일엔 재호, 토요일 오전에는 지민이, 오후에는 태영이, 이런 식으로 일주일 중 시간대를 정해 동아리에 와서 개인별로 편집을 했다. 그리고 일주일에 한 번 다 같이 만나서 서로가 편집한 것을 보고 피드백하는 시간을 가졌다.

이 방법의 가장 좋은 점은 편집 프로그램이 하나로 통일된다는 것이다. 프로그램이 통일되면 학생들끼리 정보를 공유하기가 편해진다. 본인이 해보고 알게 된 편집 프로그램의 기능이나 효과들을 다른 학생들과 공유할 수 있는 것이다. 반대로 모르는 것이 생겼을 때 다른 친구들에게 물어보면 되니까 훨씬 작업이 빠르다. 또 동아리에 나와서 편집하니 학생들이 게으름을 피우지 않고 제때 편집을 끝낼 수 있다.

집에서 편집할 때는 숙제처럼 느껴져서인지 학생들이 곧잘 빼먹고 안 해온다. 이러면 점점 편집 기간이 늘어나서 원하는 때 영화를 완성하기가 어렵다. 하지만 동아리에 나와서 편집을 하면 학생들이 시간을 내서 나오는 거라 미루지 않고 비교적 제때 편집을 완성했다. 물론 꼭 이렇게 할 필요는 없으니, 참고로 삼으면 좋을 것 같다.

편집은 기본적으로 연출자가 하게 했다. 직접 편집을 해봐야 컷에 대해 이해할 수 있기 때문이다. 편집을 아예 모르는 사람은 좋은 영화를 만들 수 없다. 이 컷 다음에 무슨 컷이 와야 하는지 고민하고, 이 컷을 어디서부터 보여줄지, 얼마나 보여줄지, 어디까지 보여줄지 생각하고, 이 컷이 필요한지 아닌지 고민하면서 학생들은 컷에 대해 알아갈 수 있다. 그러므로 동아리의 모든 친구가 각자 영화를 편집해보는 것이 좋다. 편집을 해본 학생들은 다음에 영화 작업할 때 훨씬 이해도가 높다.

편집에서 가장 중요한 것은 리듬감이다. 앞서 커리큘럼 파트에서도 잠깐 설명했지만 컷을 연결할 때 절묘한 리듬을 가지게 하는 것이 편집 수업에서의 목표가 될 수 있다. 단순히 편집 프로그램을 다룰 수 있느냐 없느냐보다 편집에서 리듬을 느낄 수 있는가가 훨씬 중요하다. 이러한 리듬감은 많은 편집 경험에서 나온다. 하지만 단순히 혼자 편집을 많이 한다고 해서 되는 것은 아니다. 자신이 편집한 것에 대한 평가와 비교가 필요하다.

예를 들어 똑같은 영화를 학생 둘이 따로 편집한다고 했을 때 분명 시나리오와 컷은 모두 같지만 편집은 전혀 다를 수 있다. 이렇게 다른 편집본 두 개를 보는 것은 학생들에게 좋은 본보기가 된다. 다른 사람의 편집본과 자신의 편집본을 비교하면서 좋다고 생각하는 지점은 배우고, 별로라고 생각하는 지점은 왜 그런가 생각할 수 있기 때문이다. 그러므로 편집하는 종종 학생들은 서로 간의 끊임없는 피드백이 필요하다. 편집은 누군가 가르쳐주기 어려운 파트이다. 편집을 잘하는 사람도 왜 이렇게 하는 것인가를 풀어서 설명하기는 어렵다. 학생들이 서로를 배움의 발판으로 삼아 익혀나가야 한다.

그래도 편집 때 교사가 학생들에게 몇 가지 조언해줄 수 있는 것들이 있다. 학생들이 많이 하는 편집 방법들이 있는데, 영화의 완성도에 나쁜 영향을 끼치는 경우가 있기 때문에 편집에 들어가기 전 학생들에게 주의를 줘야 한다.

첫째, 장면 전환 효과를 너무 과도하게 쓰지 말라는 것이다. 컷이 바뀔 때마다 효과를 넣는 학생도 종종 있다. 모든 컷에 다 디졸브를 넣은 경우도 봤다. 하지만 이런 전환 효과는 사실 영화에서 거의 쓰이지 않는다. 가끔 학생들이 만든 영화 중에 컷 전환이 너무 화려해서 마치 PPT를 보는 것 같다는 느낌을 받을 때가 있다. 이런 과도한 효과는 몰입을 방해하고 영화가 이상하게 보이도록 만든다. 그렇기 때문에 학생들이 이런 효과를 자주 사용하지 않도록 교사의 주의가 필요하다. 영화관에서 상영하는 그 어떤 영화도 이렇지 않다는 것을 상기시켜야 한다.

둘째, 과도한 자막 사용이다. 굳이 설명하지 않아도 영화를 이해하는 데 어려움이 없다면 자막은 없는 것이 더 좋다. 예전에 봤던 중학생 친구가 찍은 영화는, 시간이 지날 때마다 자막으로 시간이 지나갔음을 알려줬다. 시간의 흐름이 아주 중요한 요소로 작용하는 영화도 분명 있지만 그런 영화는 아니었다. 그럼에도 계속 등장하는 시간 자막은 보는 사람으로 하여금 불편함을 주고 영화에 몰입하기 힘들게 만들었다. 영화는 직접적인 설명이 없으면 없을수록 좋다. 관객에게 가장 직접적으로 다가오는 것은 대사와 문자이다. 특히 문자는 영화에 등장하는 순간 관객들의 시선을 빼앗는다. 그렇기 때문에 사용할 때는 더욱 주의해야 한다. 자막을 쓰는 경우 이것이 꼭 필요한 것인지를 생각하고 쓰게끔 하자.

셋째, 찍은 컷을 과감히 버릴 수 있어야 한다. 영화에 공을 들이면 들일수록, 촬영을 열심히 하면 할수록 학생들은 한 컷, 한 컷이 소중해진다. 하지만 때로는 영화의 완성도를 위해 필요하지 않은 컷, 심지어 신까지도 버릴 줄 알아야 한다. 이 컷만 하루 종일 찍었다고 한들 영화에서 그 컷이 불필요하다고 생각하면 빼야 한다. 그러면서 학생들은 점차 연출의 마음이 아닌 관객의 마음으로 영화를 보고 편집할 수 있게 된다. 편집 기간 동안 학생들이 도중에 포기하지 않고 끝까지 편집할 수 있도록 동아리 학생들과 교사가 함께 격려하고 타일러야 한다. 학생들 중 몇몇은 열심히 촬영해놓고선 편집을 하지 않아 스태프나 배우들에게 원성을 듣는 경우가 있다. 이런 경우 함께 영화를 찍은 친구들은 속이 상하기도 하고, 화를 내기도 한다. 그러므로 편집을 맡은 학생이나 연출은 끝까지 편집을 완성하려는 의지와 책임감을 가지고 영화를 마무리해야 한다. 책임감을 확실하게 가지고 있다면 본인이 만족할 수 있는 편집본이 나올 때까지 수정하는 과정을 거쳐 편집을 마무리하자.

동아리 교사의 고민거리 중 하나가 '어떤 편집 프로그램을 쓸 것인가?'이다. 세상에는 정말 다양하고 많은 편집 프로그램이 있는데 그중 하나, 혹은 몇 개를 동아리에서 골라서 쓰게 될 것이다. 편집 프로그램은 학생들에게 너무 어렵지 않으면서 혹시라도 학생들이 편집 프로그램을 아예 모를 때 교사가 공부해서 배울 수 있을 만한 것으로 고르는 것이 좋다. 이런 부분에선 사용자가 많은 편집 프로그램을 고르는 것이 도움이 된다. 많은 사람이 사용하는 프로그램이어야 사람들이 인터넷이나 책을 통해 사용법과 정보를 남기기 때문이다. 인터넷에 존재하는 수많은 글과 영상을 보면서 해당 프로그램을 배울 수도 있다.

편집 프로그램은 무료로 배포되는 것도 있고 유료로 사서 사용해야 하는 것도 있다. 그리고 유료 프로그램이지만 특정 기간 동안 체험판을 써볼 수 있는 경우도 있다. 개인적으로 편집 기간이 짧다면 유료 프로그램의 체험판을 써보는 것도 나쁘지 않다. 무료 프로그램보다 상대적으로 할 수 있는 것들이 많아 다양한 영상 효과를 사용할 수 있다. 오랜 기간 이용해야 한다면 무료로 다운 받을 수 있는 것들이 유리하다. 동아리와 집 어디에서든 깔기가 용이해서 활용도가 높다는 장점이 있다.

Tip 편집에 들어가기 전 영상 파일과 사운드 파일의 이름을 '01(신)-03(컷)-07(테이크)'로 바꿔두면 작업할 때 좀 더 편리하다.
영화 동아리 공용의 외장하드를 사서 전체 영화 파일을 백업해두면 나중에 파일을 잃어버리거나 없어지는 사고에 대비할 수 있다.

9. 사운드와 영상 후반 작업

사운드와 영상은 후반 작업의 양이 많을 뿐 아니라 굉장히 다양하다. 이 작업들은 거의 각 분야마다 스태프가 따로 구성될 만큼 전문적이기 때문에 사실 학생 영화에서는 최대한 간추려서 활동한다. 따라서 지금부터는 학생들이 영화 동아리에서 진행하는 후반 작업 위주로 말하고자 한다.

타이틀

편집이 끝나고 나면 타이틀 작업에 들어간다. 먼저 타이틀을 어디에 놓으면 좋을지 결정한다. 타이틀이 들어갈 만한 타이밍이나 컷 등을 고르면 된다. 만약 촬영된 컷 위로 타이틀이 들어간다면 그 컷이 타이틀을 올릴 만큼 충분히 긴지도 봐야 한다.

타이틀이 놓일 위치를 정했다면 타이틀을 만들면 된다. 편집 프로그램에서 적당한 폰트와 효과를 사용해 만들어도 괜찮고, 포토샵과 같은 프로그램을 이용해서 타이틀을 이미지 파일로 만들어 영상 위에 올려도 좋다. 편집 프로그램에서 만드는 것은 학생들이 상대적으로 쉽게 사용할 수 있다는 장점이 있다. 여러 가지 효과를 쉽게 고를 수 있어 생각보다 그럴듯하게 만들 수 있지만, 섬세한 작업이 어렵고 만들 수 있는 것이 한정적이다.

포토샵과 같은 이미지 프로그램은 상대적으로 섬세한 작업에 유

〈아무 말도 없었다〉
포토샵을 이용해서 타이틀 작업을 했다. 적당한 폰트를 골라서 타이틀을 만든 뒤 영상 위에 얹었다. 엘리베이터가 닫히는 타이밍에 맞춰 등장해서 이 컷이 끝날 때 같이 사라진다. 학생들이 가장 많이 사용하는 방법이다.

〈엄청 완벽한 몰컴하는 방법〉
이 영화는 연출자가 콘티를 짤 때부터 타이틀을 영상 안 설계도에 적어 넣는 것으로 정했다. 타이틀이 너무 어색하게 등장하지 않되, 타이틀인 것을 알 수 있을 만큼 강조해야 하는데 약간 위쪽에 몰려 있어 연출자가 살짝 아쉬워했다.

리하고, 다양하게 원하는 대로 타이틀을 만들 수 있다. 하지만 반대로 다룰 줄 아는 학생들이 극히 적고, 편집 프로그램에 비해 다루기가 어려운 편이다. 만들고자 하는 타이틀에 맞춰서 어떤 프로그램을 이용할 것인지 학생들이 골라 사용해야 한다.

엔딩 크레디트
엔딩 크레디트는 대부분 편집 프로그램에 스크롤이라는 이름의 효과로 들어가 있다. 그 효과를 이용해서 엔딩 크레디트를 만들면 된다. 방법을 잘 모를 경우 인터넷 포털에서 찾아보면 편집 프로그램 이용 방법이 나올 것이다. 학생 영화에 들어가는 엔딩 크레디트에는 배우의 배역과 이름, 스태프들의 이름과 맡은 보직, 제작 지원을 받은 곳, 감사한 분들 등이 들어 있다. 학생들은 자신의 영화 엔딩 크레디트에 들어갈 내용을 정리해서 적어 넣어야 한다. 깜빡하고 스태프 이름을 빼먹거나 고마운 마음을 전해야 할 사람들의 이름을 잊어버리는 경우가 종종 있기 때문에 여러 번 내용을 확인해야 한다.

색보정

색보정 작업은 영상에서 색과 관련한 것들을 다시 조정하는 작업이다. 대비, 명도, 채도, 색온도 등을 조정하는데 전체적으로 영화의 평균을 맞추기도 하고, 각 신마다 강조하고자 하는 것을 강조하거나 덜어내고자 하는 것들을 덜어낼 수 있다. 또 색을 응용해서 전체적인 화면의 느낌을 뽀얗게 만들거나 반짝거리게 하는 것도 색보정 작업에 포함된다. 편집 프로그램에서 영상 효과에 있는 여러 효과를 적용해보면서 영화의 화면이 그럴듯하게 보일 수 있도록 조정해주면 된다. 특히 명도와 대비는 조금만 건드려도 좋은 효과를 보여주기 때문에 적극적으로 사용할 것을 추천한다.

후시 녹음

후시 녹음은 편집 이후 영화 속에 필요한 대사를 녹음하는 과정
이다. 전화 목소리나 내레이션 등을 나중에 녹음해서 넣는 것도 후
시 녹음에 속한다. 또 동시 녹음 사운드에 문제가 있을 때도 좋은
대처 방법이 될 수 있다. 주변의 소리가 너무 커서 배우의 대사가
잘 들리지 않거나, 사운드 장비의 문제로 소리가 이상하게 녹음되
었다면 후시 녹음을 통해 좋은 소리로 바꿔줄 수 있다. 방법은 간단
하다. 영상을 보면서 배우가 목소리만 다시 녹음하면 된다. 이때 배
우는 영화 속 자신과 똑같은 타이밍으로 대사를 쳐서 싱크가 맞게
해야 한다. 또한 감정선이 변하지 않도록 신경 써야 한다.

폴리

후시 녹음이 대사라면 폴리는 대사를 제외한 다른 소리를 보충하
는 작업이다. 차도 옆에서 촬영했는데 차 소리로 인해 배우의 대사
가 잘 들리지 않아서 후시 녹음을 따로 했다면 폴리 작업도 같이 해
줘야 한다. 차도 옆이라는 공간음과 배우의 움직임에 따른 소리를
따로 녹음해서 같이 채워 넣어 나중에 따로 녹음한 것이 아닌 현장
사운드처럼 느껴지도록 그럴듯하게 만들어야 하는 것이다.

그 밖에도 영화를 보면서 부족하다고 느껴지는 소리를 채워 넣을
수 있다. 영화 속 공간은 학교 쉬는 시간인데 소리가 너무 조용해서

쉬는 시간처럼 느껴지지 않는다면 어떻게 해야 할까? 나중에 학교에 가서 아이들이 떠들 때 그 소리를 녹음해서 영화에 넣으면 쉬는 시간처럼 느껴질 것이다. 이처럼 필요한 사운드를 찾아서 채워 넣는 작업이 필요하다.

사운드 효과

영화에서 들리는 소리를 프로그램을 통해 그럴듯하게 바꿔주는 작업도 아주 중요하다. 영화에서 전화 목소리라는 설정으로 들리는 소리가 너무 깔끔하다면 관객은 이상하게 느낄 것이다. 전화기를 통해 들리는 소리는 약간 거칠고, 저음이 약한 것이 특징인데 이런 점이 느껴지지 않기 때문이다. 여기서 필요한 것이 사운드 효과이다. 편집 프로그램에 있는 사운드 효과를 이용하여 소리를 그럴듯하게 들리도록 조정하면 더 완성도 있는 영화가 될 것이다. 편집 프로그램에 들어 있는 사운드 효과가 정확히 어떤 것인지 잘 모르겠다면, 직접 사운드에 넣어보거나 인터넷을 통해 알아보면 된다.

음악

영화에서 음악은 영화의 감정과 분위기를 조절하는 데 큰 도움을 준다. 음악을 효과적으로 사용하면 영화의 전체적인 퀄리티도 올라간다. 적절한 타이밍에 적절한 음악을 넣는 것이 중요하다. 타이밍이 이상하면 감정이 튀는 경우가 발생하고, 음악이 안 맞으면 영화의 흐름이 이상하다고 느낄 수 있다. 영화 내용과 딱 맞는 음악을 고르는 방법은 다양한 음악을 들어보고, 많은 음악을 찾아보는 것이다. 그렇기 때문에 혼자서 노래를 고를 것이 아니라 친구들에게 추천을 받아가며 다 같이 찾을 때 좋은 음악을 고를 확률이 더 커진다. 학생들이 다 같이 음악을 찾을 수 있도록 시간을 마련해주는 것도 좋은 방법이 될 수 있다.

영화제 이야기

1. 동아리 상영회

영화 제작에서 감동을 느끼는 것 중 하나는 내가 만든 영화를 다른 사람들이 보는 순간일 것이다. 영화 동아리에서 열심히 영화를 만들어 놓고 상영회를 하지 않는다는 것은 영화 제작에서 가장 아름다운 순간을 놓치는 일이다. 친구들과 함께 부딪치고 치대면서 영화를 만들었다면, 이제는 다 같이 영화를 즐길 차례다.

상영회 기획

상영회를 하려면 어떤 상영회를 언제, 어디서, 어떻게 할 것인지 정하고, 그것에 맞춰서 하나씩 준비를 해나가야 한다. 먼저 어떤 상영회를 할 것인가, 즉 상영회의 콘셉트 회의부터 진행해야 한다. 콘셉트를 정해야 그 콘셉트에 맞춰 포스터도 만들고, 오프닝 영상도 만들고, 장소도 구할 수 있다. 무엇보다도 콘셉트를 정해야 학생들이 머릿속에서 상영회의 모습을 상상할 수 있다. 막연히 '상영회를 한다'는 이야기만 들었을 때는 '아, 그런가 보다' 하던 학생들이 상영회의 콘셉트를 정하는 순간 아이디어 뱅크로 변한다. 자기들끼리 신나 하면서 이런저런 아이디어를 내며 적극적인 태도를 보인다. 그렇기 때문에 가장 먼저 콘셉트를 정한다.

콘셉트는 학생들이 하고 싶어 하는 것으로 자유롭게 정하면 된다. 크리스마스나 핼러윈 같은 특정한 날이 콘셉트가 될 수도 있다. 콘셉트를 정한 뒤에는 상영회 이름을 정한다. 그냥 '영화 동아리 상영회'가 아닌 콘셉트에 맞는 멋진 이름을 붙인다면 우리가 만드는 상영회, 영화제라는 기분이 들기 시작할 것이다.

더불어 학생들에게 상영회에 대한 애정이 생기기 시작한다. 상영회를 보러 오는 사람들도 상영회에 이름이 있을 때 더 잘 기억하기 때문에 홍보 효과도 있다. 그 후에 자세한 사항들을 정해야 한다. 상영회 날짜, 장소, 시간표, 상영할 영화와 트는 순서 등 정할 것이 아주 많다. 반드시 필요한 사항을 다음과 같이 하나씩 정리해보았다.

상영회 시간

상영회를 언제, 몇 시부터 몇 시까지 할 것인지를 정해야 한다. 이때 고려해야 하는 것은, 학생과 교사가 해당 날과 그 전날 별다른 스케줄이 없어야 한다는 점이다. 상영회 날은 물론 그 전날에도 상영회 기기를 챙기고, 소품을 준비하는 등 할 일이 생각보다 많다. 영화제를 아주 늦게 시작하는 것이 아닌 이상 그 전날 미리 필요한 물품들을 챙겨야 하기 때문에 되도록 모두 스케줄을 비울 수 있을 때로 정하는 것이 좋다.

또 관객들이 많이 올 수 있는 시간인가도 고려해야 한다. 동아리 상영회 같은 경우, 자칫 우리만의 상영회가 될 가능성이 크다. 우리만의 상영회도 나름의 재미와 단란함이 있지만, 그래도 관객이 너무 오지 않으면 학생들과 교사 모두 아쉬운 마음이 클 것이다. 영화를 만든 사람에게는 이미 많이 영화를 본 스태프들보다, 처음 영화를 보게 되는 관객들이 필요하다.

'관객들이 우리 영화를 보고 어떤 반응을 할까?', '우리 영화가 관객들에게 이해와 공감을 받을 수 있을까?' 하는 기대감과 긴장감이 학생들을 들뜨게 한다. 또 관객이 영화를 잘 이해하지 못하면 아쉬워하고, 반대로 공감해준다면 아주 기뻐하는 등 학생들에게 상영회는 아주 큰 경험이 될 것이다. 그러므로 관객들의 참여가 상영회의 중요한 요소인 것이다. 상영회의 날짜와 시간은 되도록 많은 관객이 보러 올 수 있는 때인가를 꼭 생각하는 것이 좋다.

상영회 장소

상영회 장소는 어디든 될 수 있다. 스크린과 영사기를 놓을 수 있는 곳만 있다면 그 모든 공간이 멋진 영화관이 된다. 반드시 관객이 앉을 의자가 필요하지도, 스크린과 관객석이 멀 필요도 없다. 작년에 했던 상영회는 동네에 있는 마을학교를 장소로 정했는데, 한쪽 면이 유리로 된 '뒹굴방'이라는 방이었다. 방 이름처럼 사람들이 뒹굴거리기 딱 좋은 장소였고, 그에 맞춰 우리는 '방구석 영화제'라는 이름을 지어 방바닥에 다 같이 둘러앉아 보는 영화제를 했었다.

이처럼 영화제의 장소는 어디든 될 수 있다. 출력이 좋은 스피커가 있다면 야외에서도 할 수 있다. 각 동아리의 상황에 맞춰서 하면 된다. 비싼 돈을 주고 영사기가 있는 영화관을 빌릴 필요는 없다. 학교의 다목적실에 열 맞춰 앉아 볼 필요도 없다. 영화제를 준비하는 학생들이 즐거울 수 있고, 영화를 보는 관객들이 재미있어 할 장소라면 어디든 상관없다. 학생들이 자유롭게 장소를 생각할 수 있도록 교사가 이끌면 아마 좋은 상영회 장소를 고를 수 있을 것이다.

상영할 영화 고르기

이제 영화제에서 상영할 영화를 골라야 한다. 물론 지난 동아리 수업 동안 열심히 찍었던 영화들을 틀면 된다. 혹시라도 동아리에서 찍은 영화가 너무 적거나 짧아서 상영회가 30분도 안 될 것 같을 때는 다른 영상이나 영화를 활용하는 것도 좋은 방법이다. 수업 중에 찍었던 자기소개 영상이나 사진도 보여줄 수 있고, 초단편영화를 틀 수도 있다. 아니면 다른 학교나 동아리에서 찍은 영화를 초청 영화로 해서 한두 편 정도 상영하는 것도 좋은 방법이다. 상영회에서 틀면 좋을 것 같은 영화와 영상을 자유롭게 고르면 된다.

간혹 상영회 때 자신의 영화를 틀고 싶지 않다는 학생이 나올 수도 있다. 그럴 때는 가능한 한 학생을 설득해보고, 그래도 정말 싫다고 한다면 학생의 선택을 존중하는 것이 좋다. 다만, 영화를 틀지 않는 학생이라 하더라도 함께 상영회를 준비할 수 있도록 해야 한다. 친구들과 함께 상영회를 준비하면서 생각이 바뀔 여지도 있고, 나중에 다 같이 준비한 상영회에서 함께 찍은 영화를 보며 내심 '내 영화도 틀었으면 좋았겠다.' 하고 생각할지도 모르기 때문이다.

프로그램과 순서

영화를 골랐다면 상영할 순서를 짜야 한다. 영화는 어떤 순서로 틀지, 쉬는 시간은 언제 넣을지, 영화 상영 말고도 다른 프로그램이 필요한지 등을 결정하면 된다. 다음은 작년에 했던 영화제의 프로그램 순서표이다.

영화제 프로그램 순서표

순서	시간	내용		섹션
1	05:10	오프닝 영상		
2		개회사&사회자 멘트	자기소개 영상 소개	1
3	05:15	자기소개 영상 상영	태영, 지민, 지수, 서진, 재호, 상현, 택선 순으로	
4		사회자 멘트	단편영화 소개	
5	05:25	단편영화 상영	〈나의 고민〉 〈엄청 완벽한 몰컴하는 방법〉	2
6	05:35	감독과의 대화	지수, 태영	
7	05:45	쉬는 시간&경품 추첨		
8	06:00	사회자 멘트	단편영화 소개	
		단편영화 상영	〈행복한 하루〉 〈아무 말도 없었다〉	3
9	06:15	감독과의 대화	재호, 지민	
10	06:25	마무리		
11		엔딩 영상		

이처럼 상영회에서 진행할 것들을 정한 뒤에는 순서표를 만들어 놓는 것이 좋다. 그러면 전체 일정과 순서가 한눈에 보이기 때문에 상영회에서 필요한 것들을 놓치지 않고 준비할 수 있다. 이 과정에서 오프닝, 엔딩, 트레일러 영상 등 상영회에 필요한 영상을 제작할 것인지도 결정하는 것이 좋다. 이런 상영회 영상들이 있으면 상영회가 더 본격적이고 그럴듯하게 보여서 학생들도 만족감이 높을 뿐 아니라 관객들도 상영회를 더 진지하게 받아들이고 몰입하기 때문이다.

역할 분담

기획 단계에서 각자 무엇을 할 것인지 역할을 정하는 것이 좋다. 학생 수가 많다면 영사팀, 진행팀, 홍보팀 등으로 역할을 나눠서 진행하고, 학생 수가 적다면 각자 한 명씩 주요 업무를 정하면 된다. 상영회 프로그램에 맞춰서 무엇이 필요한지 정하고, 그에 맞춰 상영회 당일에는 영사 기기를 설치하고, 영화 상영을 할 사람과 상영관을 꾸밀 사람, 관객들의 자리를 안내하거나, 팸플릿을 나눠주는 등 진행을 담당할 사람이 필요하다. 상영회가 시작했을 때 조명을 담당할 사람과 프로그램을 진행할 사회자도 필요하다. 학생들이 각자 하고 싶은 역할을 맡아서 책임감 있게 상영회를 준비하고, 상영회 당일 열심히 활동해줘야 한다.

이 외에도 상영회에서 해보고 싶은 여러 가지 것들에 대해 이야기를 나누고, 그것을 토대로 여러 사항을 결정하면 된다. 예를 들면 콘셉트에 맞춰 드레스 코드를 정할 수도 있고 상영관 안에 작은 테이블을 마련해 팝콘과 콜라를 나눠 먹을 수도 있다. 영화 상영이 끝나고 연출과 배우들을 앞으로 불러놓고 궁금한 점을 물어보는 '관객과의 만남'도 해볼 수 있다.

2. 상영회 준비하기

기획 단계를 마쳤다면 이제 상영회 준비를 하자. 상영회를 어떻게 기획했는가에 따라 준비 단계는 유동적이므로 다음 내용을 참고하면 좋을 것 같다.

포스터 만들기

포스터는 반드시 준비하는 것들 중 하나다. 다양한 방법으로 만들 수 있는데, 동아리 학생들이 직접 그리는 것도 괜찮다. 학생들이 그림 그리기를 좋아하고 자신 있어 한다면 좋은 방법이다. 상영회 콘셉트에 맞춰서 포스터를 디자인해 그리면 전체적인 통일성이 생겨 좋은 포스터가 된다.

다른 방법은 포스터용 사진을 찍는 것이다. 영화제 콘셉트에 맞는 상황이나 장면을 생각해서 그것을 사진으로 찍어보자. 사진을 찍어서 포스터의 배경을 만들고, 적절한 폰트를 골라서 영화제 이름을 적어 넣으면 된다. 다음은 사진을 이용해서 만든 포스터다.

포스터를 만들 때는 굳이 한 이미지만 고집할 필요는 없다. 다 같이 회의할 때 의견이 잘 좁혀지지 않는다면 2~3개로 줄인 뒤 그에 맞추고, 영화제 이름 등의 문자를 넣어보고 그중 더 괜찮은 것으로 골라도 된다.

기안1	기안2	완성본

이 상영회의 콘셉트는 방에서 누워 볼 수 있는 영화제였고, 그에 맞춰 방구석 영화제라는 이름을 정했기에 '방에서 혼자 TV를 보고 있는 사람'을 포스터 이미지로 했다. 두 가지 이미지가 나왔는데 그중 좀 더 '방구석'의 느낌이 나는 것으로 골랐다. 찍은 사진이 너무 어두워서 포스터를 만드는 과정에서 살짝 밝기를 올렸다. 사용한 프로그램은 어도비사의 포토샵으로 팸플릿 역시 같은 프로그램을 사용했다.

팸플릿

팸플릿은 상영회를 보러 온 관객들에게 꼭 필요하다. 관객들은 상영회 장소에 도착하자마자 보통 시간표가 어떻게 되는지부터 묻는다. 그래서 상영회 때 팸플릿을 만들어두면 유용하게 쓸 수 있다. 영화 동아리 학생들에게도 포스터와 팸플릿은 자료로 남기 때문에 추억처럼 간직하기에도 아주 좋다.

상영회 팸플릿에는 대개 상영회 순서(시간표)와 각 영화에 대한 소개가 들어간다. 영화 소개에는 영화의 제목, 러닝타임, 줄거리, 화면비 등의 정보와 감독의 한마디나 소감이 들어간다. 그리고 영화의 스틸컷이 필요하다. 스틸컷은 영화 속 장면 중에 영화 내용을 소개할 수 있거나 흥미를 유발할 수 있는 한 컷의 사진을 말한다. 이것들을 보기 좋게 정리해서 팸플릿에 넣고, 인사말이나 그 외 다른 것들을 적어도 된다. 상영회 장소의 약도를 넣어도 되고, 동아리 학생들의 사진을 넣어도 된다. 상영회를 앞둔 소감이나 배우들의 인터뷰를 넣어도 재미있을 것이다. 다음은 '방구석 영화제'에서 만들었던 팸플릿이다.

　포스터와 마찬가지로 팸플릿도 어떻게 디자인할 것인지를 학생들과 함께 정해야 한다. '방구석 영화제' 팸플릿은 겉표지는 영화제 포스터를 그대로 이용했고, 속지는 원래 포스터의 2안이었던 이미지를 이용했다. 정해진 형식이 없기 때문에 동그랗게 만들어도 되고, 세모 모양으로 만들어도 된다. 학생들과 즐겁게 회의하면서 재미있는 디자인들을 생각하면 된다. 그러다 보면 나중에 이 팸플릿을 자르는 시간도 재미있게 느껴질 것이다.

'방구석 영화제' 포스터의 표지

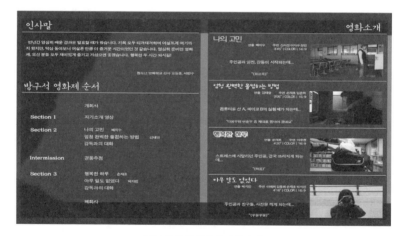

'방구석 영화제' 포스터의 속지

상영회 영상

상영회용 영상을 만들어보는 것도 좋은 활동이 될 수 있다. 상영회에서 흔히 쓰이는 영상은 상영회의 분위기나 콘셉트를 전달할 수 있는 상영회 자체 영상과 상영회에서 틀 영화들을 소개하는 트레일러가 있다.

상영회 자체 영상은 상영회 콘셉트에 맞춰서 제작하면 된다. 정해진 형식이 없기 때문에 자유롭게 만들면 된다. '방구석 영화제'의 경우, 학생들이 방구석에서 자신이 나오는 영상을 보고 있는 영상을 만들었다. 총 2편을 만들었는데 오프닝과 엔딩을 만들어 영화제의 시작과 끝에 영상을 틀었다.

'방구석 영화제'의 엔딩과 오프닝은 포스터에 나온 방에서 자신이 주인공으로 나오는 영화를 보고 있는 것으로 했다. 오프닝에서는 화면 밖에서 걸어 들어와 TV를 켜고, 엔딩에서는 TV를 끄고 화면 밖으로 나가는 것으로 영화제의 시작과 끝을 알릴 수 있도록 만들었다.

트레일러 영상은 영화를 소개하는 영상이다. 상업 영화에서 트레일러는 예고편이라고 생각하면 된다. 상업 영화의 트레일러는 약

2~3분 정도 되는데 단편영화에서는 보통 10~15초면 충분하다. 이렇게 영화 내용을 설명할 수 있는 짧은 영상이 나오는 동안 감독과 배우, 주요 스태프들이 누구누구인지 자막이나 내레이션을 통해 알려줄 수 있다. 동아리 상영회에서는 모든 영화를 10초씩 모아서 각 영상마다 감독과 배우의 이름이 적힌 태그를 붙여서 틀면 트레일러 영상이 된다.

상영회를 홍보하는 홍보 영상도 있다. SNS나 메신저를 통해서 상영회를 홍보할 때 쓸 수 있는 영상으로 많은 사람에게 동아리 상영회를 홍보하는 목적의 영상이다. 보통 유쾌하고 재미있게 만든 영상이 인기가 많다. 상영회에 드레스 코드나 필요한 준비물이 있다면 홍보 영상을 통해서 정보를 전달할 수 있다. 홍보 영상은 영화제에서 틀 영화를 홍보해도 괜찮고, 상영회 자체를 홍보해도 된다.

상영회 영상은 동아리 학생들이 장난스럽게 만들어도 좋은 영상들이다. 굳이 영화 제작 때처럼 진지하게 할 필요 없이 즐기는 마음으로 가볍게 찍으면 된다. 하루 정도 날을 정해서 포스터도 찍고, 상영회 영상을 찍으면 반나절도 안 돼서 금방 만들 수 있다. 다만 영상에 따라 편집하는 데에 시간이 걸릴 수도 있으니 상영회까지 넉넉하게 시간을 두고 찍는 것이 좋다.

대본 작성

대본은 상영회의 시간표가 있어야 만들 수 있다. 상영회 시간표가 만들어져 있다면 프로그램 순서에 맞춰서 사회자들이 할 멘트를 정하면 된다. 종이 몇 장과 펜 하나만 주면 학생들이 교사보다 훨씬 재치 있게 잘 만들어낸다. 사회자 멘트를 정했으면, 그것을 보기 좋게 정리해서 대본으로 만든다.

대본에는 사회자가 해야 하는 멘트와 행동, 멘트 뒤에 진행되는 프로그램을 적어 넣어야 한다. 그래야 사회자가 헷갈리지 않고 상영회를 진행할 수 있다. 다음은 '방구석 영화제'에서 썼던 대본이다.

재호	제1회 방구석 영화제를 시작합니다!
	(박수 유도)
태희	갑자기 시작돼서 많이 놀라셨나요? 재호 학생의 영상으로 방구석 영화제의 문을 열었습니다!
재호	식을 시작하기에 앞서 몇 가지 지켜주셨으면 하는 걸 말씀드리겠습니다.
태희	먼저, 앞 사람을 (재호를 발로 차며) 차지 말아주세요.
재호	둘째, 휴대폰은 매너모드로 해주세요.
	(재호에게 전화가 온다. "재호야, 매너모드 안 해?")
태희	셋째, 편한 자세로 관람해주세요.
재호	넷째, 가장 중요합니다. 진짜 오지고요, 지리고요, 고요고요, 고요한 밤이고요.

안 지켜주시면 제가 저승사자랑 하이파이브할 각, 직각, 예각, 둔각 만들 어드립니다.

태희 작작하시고요. 뭐죠?

재호 재밌게 봐주세요!

태희 출구는 저기예요(출구 방향을 가리킨다).

재호 아, 화재가 발생하면 저기로 가주시면 됩니다!

태희 자, 그럼 첫 번째로 영화 학교 학생들의 첫 작품이었던 자기소개 영상을 함께 보시죠!

-자기소개 영상 상영-

태희 재미없게 보셨나요?

재호 재미없게요?

태희 그럼 재미있어요?

재호 …자, 다음 순서는 뭐죠?

태희 다음 순서는 드디어 학생들이 만든 영화를 볼 차례인데요.

재호 솔직히 편집은 쌤들이 했는….

태희 조용히 하세요.

재호 네…. 이번 순서는 배지수 감독의 〈나의 고민〉과 김태영 감독의 〈엄청 완벽한 몰컴하는 방법〉입니다.

태희 처음 찍은 영상보다 얼마나 더 발전했는지, 함께 보시죠!

-섹션2 상영-

재호 재밌게 보셨나요? 그럼 감독 두 분과 배우분들을 모시고 대화를 나눠보
     겠습니다.

-지수, 태영 나옴, 자기소개 진행-

지민 자유롭게 손을 들어서 질문해주시면 됩니다!

〈질문 리스트〉
* 남자 감독 – 여친 있어요? 제일 힘들었던 게 뭔가요? 군대 5년 남았는데, 뭐하고 싶으세요?
영화가 담고 있는 의미는 뭔가요? 왜 이런 내용으로 찍게 되셨나요?
* 여자 감독 – 남친 있어요? 제일 힘들었던 게 뭔가요? 왜 이 내용을 선택했나요? 무슨 의미를
담고 있나요?

재호 이로써 감독, 배우와의 대화를 마치겠습니다.

태희 지금부터 약 10분간의 휴식 시간을 갖도록 하겠습니다. 잠시 후 경품 추
     첨이 있을 예정이니, 놓치지 마세요!

재호 번호는 들어오실 때 받은 팸플릿 상단에 적혀 있습니다. 각 상품은 모두
     감독님들이 사비로 산 상품이니 기대해주세요.

-10분 휴식-

태희 자, 다들 모이셨죠? 그러면 경품 추첨을 시작하겠습니다.

     감독님들 상영 순서대로 나와서 하나씩 뽑아주세요!

-경품 추첨-

재호 그러면 이제 손재호 감독의 〈행복한 하루〉, 박지민 감독의 〈아무 말도 없었다〉를 보시겠습니다.

-섹션3 상영-

태영 재밌게 보셨나요? 그럼 손재호, 박지민 감독과 배우분들을 모시고 대화를 해보도록 하겠습니다.

서진 자유롭게 손을 들고 질문해주세요!

-대화 진행-

태희 제1회 방구석 영화제, 드디어 끝이 보이네요.

재호 재미있으셨나요?

태희 이로써 5개월간의 대장정의 마지막, 제1회 방구석 영화제를 마치겠습니다.

함께 지금까지 감사했습니다.

-엔딩 상영-

'방구석 영화제'에서 사용한 큐시트

대본은 사회자들이 손에 들기 편하도록 적당한 크기의 카드로 만드는데, 이를 큐시트라고 한다. TV의 음악방송이나 예능 프로그램에서 MC들이 들고 있는 것과 같은 용도이므로, 딱 그 정도 크기가 적당하다. 해당 카드의 뒷면은 예쁘게 꾸며서 관객들이 보기에 어색하지 않으면 된다.

상영관 구상하기

상영관을 어떻게 세팅할 것인지 미리 상영 장소에 가서 구상해야 한다. 먼저 스크린의 위치부터 정하자. 스크린과 영사 기기가 이미 설치되어 있다면 거기에 맞춰서 하면 되지만, 없는 곳이라면 스크린의 위치를 정하고, 영사 기기를 놓을 장소를 정하면 된다. 이날 영사 기기를 미리 빌려서 테스트 겸 위치를 파악하는 것도 좋다.

스크린과 영사 기기의 위치를 잡고 난 후, 전체적으로 필요한 것들이 어디에 위치하면 좋을지를 정한다. 혹시라도 관객석의 위치가 빔프로젝터를 막지는 않는지도 확인한다. 상영관 안의 조명 위치도 확인하고, 사회자 진행과 휴식 시간, 영화 상영 등 각 순간에 어디 조명을 켜고 끌 것인지 정한다. 또 안내 데스크의 위치와 데스크로 쓸 책상이 어디 있는지를 파악하는 등 주요 업무 장소를 결정해야 한다. 상영관 전체의 꾸밈도 생각해야 하는데, 어디를 어떻게 꾸밀 것인지를 미리 봐두고 필요한 소품이 뭐가 있을지도 생각해 미리 챙겨놓자. 그밖에 필요한 부분들을 상영관을 확인하면서 정리해놓는 게 좋다.

상영관 답사가 끝나면 정리한 내용에 맞춰서 필요한 것들을 준비한다. 영사 기기도 마련해야 하고 소품들도 구비하거나 빌려와야 한다. 꾸미는 용도의 포스터가 더 필요하다면 별도의 포스터도 인쇄해야 한다. 다 같이 필요한 품목들을 미리 준비해서 한 공간에 모아두면 상영회 당일 잊지 않고 챙겨갈 수 있다.

'방구석 영화제'는 한쪽 벽에 스크린을 설치했다. 스크린은 다른 강사분이 가지고 있던 것을 쓰고, 빔 프로젝터는 마을학교에 있는 것을 사용했다. 전체적인 미술 콘셉트는 '방구석에서 나 홀로 크리스마스 즐기면서 영화 보기'로, 사회자들은 산타할아버지와 루돌프 복장을 하고 있고, 크리스마스용 알전구와 집에 있던 조명 기구를 가져와서 곳곳에 설치해 조명 겸 소품이 될 수 있도록 했다. 전구색은 알전구에 맞춰 백열등 색이 될 수 있도록 문구점에서 전구를 사와서 바꿔 끼웠다.

상영회 홍보하기

상영회를 준비하면서 동시에 상영회를 홍보해야 한다. 가능한 한 많은 관객이 올 수 있도록 다양한 방법으로 홍보해야 한다. 먼저 허락을 구한 다음 학교나 마을 곳곳에 포스터를 붙일 수도 있고, 아는 사람들에게 연락해서 직접 초대할 수도 있다. SNS에 포스터나 팸플릿, 홍보 영상을 포함해서 게시물을 올려도 좋다.

영화제를 홍보할 때면 항상 아이들에게 한 사람당 다섯 명 이상씩 데리고 와야 한다고 장난을 치곤 한다. 사실 상영회를 홍보할 때는 생각보다 사람들이 많이 못 올 수도 있다는 마음가짐을 가져야 한다. 참여한 배우나 스태프들, 정말 친한 친구들과 가족을 제외하고 동아리 상영회에 오는 사람이 흔치 않기 때문이다. 아무런 관련이 없는 사람이 상영회를 보러 왔다면 그 동아리 학생들과 교사는 홍보의 왕이라고 불려도 충분하다. 학생들에게 기대는 하되 너무 실망하지 않도록 마음의 준비를 하게 하자. 많이 오지 않는다는 사실을 아는 만큼 더욱 열심히 홍보하면 된다.

홍보 중 은근히 효과가 좋은 것들 중 하나는 포스터 붙이기다. 포스터 붙이기는 '포스터를 어디에 붙였는가?'가 관건이다. 마을 사람들이 많이 지나다니는 거리는 물론, 학생들이 자주 가는 음식점이나 문구점, 학교 교실, 마을에 있는 커다란 마트 등의 장소가 유리하다. 특히 또래 학생들이 자주 오가는 곳이 좋다. 동아리 상영회를 보러 오는 관객은 가족을 제외하고 어른들보다는 그나마 학생들의 비율이 더 높은 편이기 때문이다. 동아리 학생이 다니는 학원도 좋은 홍보처 중 하나다. 맨날 학원 빼먹고 대체 뭘 찍는 건지 학원 선생님들께 감시하러 오시라고 하면서 자연스럽게 학원 선생님을 영상회에 초대해보자.

3. 상영회 당일 할일

상영회 당일은 최소 3~4시간 전에는 미리 모여서 준비를 해야 한다. 상영관에 도착하면 각자 맡은 일에 따라 움직이면 된다. 영사팀은 먼저 영사 기기 설치에 들어간다. 스크린과 빔프로젝터, 스피커를 설치하고 제대로 영화가 틀어지는지 확인한다. 영화가 제대로 나오는 것을 확인했으면 플레이 리스트를 만들어둔다. 파일 이름 앞에 숫자를 붙여서 상영 순서대로 정렬해두면 영화를 틀 때 편하다. 순차적으로 영화를 처음, 중간, 끝 세 단계로 틀어서 혹시라도 재생이 안 되는 파일이 없는지 확인한다. 각 영화의 음량 크기가 제각각이라면 해당 영화에 가장 알맞은 음량치를 확인한 뒤 메모해둬서, 상영회 때 조절할 수 있게 해야 한다. 그리고 사람들이 기기에 연결된 라인을 건들지 않도록 정리해야 한다.

미술팀은 상영관 세팅을 먼저 시작해야 한다. 준비한 소품들을 자리에 배치하고, 전체적인 상영관의 모습을 확인해 추가하면 좋을 것들을 채워 넣는다. 준비한 것이 많다면 상대적으로 다른 팀에 비해 시간이 오래 걸릴 수 있는데, 먼저 끝난 다른 팀 학생들이 같이 도와주면 시간을 절약할 수 있다.

진행팀은 안내 데스크를 만들고 팸플릿이나 티켓 등을 안내 데스크에 세팅해야 한다. 상영관까지 오는 길목에 포스터나 화살표가 그려진 종이를 붙여서 관객들이 상영관까지 쉽게 찾아올 수 있도록 표시해준다. 화장실이나 간식 테이블 등 주요 장소의 위치를 정리해둔 지도를 안내데스크에 붙여두면 관객이 쉽게 장소를 찾을 수 있다. 안내 데스크에서 관객들에게 팸플릿과 티켓을 나눠줄 사람과 상영관 안에서 자리를 안내할 사람을 따로 정해서 상영회가 시작됐을 때 맡은 일을 수행해야 한다.

각 담당의 세팅이 끝나면 전체 리허설을 진행한다. 프로그램의 진행 순서에 맞춰서 리허설을 해보면 된다. 사회자는 멘트를 직접 해보면서 호흡을 맞춘다. 영사팀은 영화를 짧게 틀어보면서 조명을 담당하는 친구와 서로 조명이 꺼지는 타이밍, 영화를 트는 타이밍을 협의해서 맞춰야 한다. 진행팀은 리허설을 보면서 이상하거나 불편한 부분이 없는지 확인해서 각 팀에게 전달해야 한다.

전체 리허설을 마쳤다면 상영회를 시작하면 된다. 학생들은 상영회의 마지막까지 맡은 일에 책임감을 가지고 임해야 하고, 교사는 학생들이 실수하더라도 너무 상심하지 않게 격려해야 한다. 처음 해보는 상영회라면 아무리 열심히 준비해도 상영 실수가 날 확률이 높다. 자신의 영화가 나오다가 중간에 끊겨서 다시 트는 경우도 더러 있다. 하지만 그렇더라도 학생들이 너무 실망하지 않길 바란다. 언제나 생기는 문제이기도 하고, 나중에 가면 다 나름의 추억이 돼서 재미있는 기억으로 남을 일들이다. 자기 일은 다 하되, 즐기는 자리인 만큼 부담 없이 하는 것이 더 좋은 상영회를 만드는 방법일 것이다. 교사는 학생들이 열심히 상영회를 진행하는 동안 최대한 많은 사진을 남겨서 학생들에게 전해주자. 굉장히 즐거워하는 학생들의 모습을 볼 수 있다. 학생과 교사 모두 진지하지만 즐겁게 상영회를 즐기면 된다.

영화제에 출품하는 방법

동아리에서 만든 영화는 국내, 해외에 있는 여러 영화제에 출품할 수 있다. 특히 국내에서는 정말 다양한 청소년 영화제가 열리기 때문에 이곳저곳 넣다 보면 좋은 소식을 들을 수 있을 것이다. 학생들은 영화제에 대한 로망 같은 것이 있어서 영화제에 출품하자고 하면 굉장히 좋아하고 기뻐한다. 가끔 아닌 척하면서 잔뜩 기대하는 아이들도 있다. "에이, 우리 영화를 영화제에서 어떻게 틀어요!"라고 말하기도 하지만, 원래 영화제라는 것은 별 기대 없이 그냥 한번 넣어보는 것이다. 안 되면 안 되는 거고 되면 좋은, 속된 말로 얻어걸리는 것이라고 가볍게 생각하면 된다. 혹시 상금이라도 받는 날엔 다 같이 기쁜 마음으로 동아리 회식도 할 수 있지 않은가.

영화제 출품은 정보가 제일 중요하다. 일단 모든 영화제에 다 넣어보자. 동아리 학생 중 영화제 정보를 찾아서 공유해주는 '영화제 담당자'를 뽑는다. 이 학생은 인터넷을 통해서 영화제 정보를 모으고, 다른 학생들이 출품할 수 있도록 정보를 공유하는 일을 맡는다. 이때 영화제에 따라 주제가 정해져 있거나 러닝타임을 제한하는 등 꼭 확인해야 하는 항목이 있을 수 있으니 주의하자. 동아리의 다른 학생들이 도와주면 더 많은 영화제를 찾을 수 있고, 담당 친구는 일을 덜 수 있다.

영화제에 출품하기 전에 미리 준비하면 좋을 것들을 간단하게 적어보았다.

영화 파일

당연한 이야기겠지만 영화 파일이 필요하다. 영화제마다 원하는 파일 형식이 다를 수 있는데 대부분 mov, mp4, 이 두 포맷이 포함되는 경우가 많다. 그래서 각 영화들을 이 두 가지 포맷으로 미리 만들어두면 편리하게 사용할 수 있다.

스틸컷

거의 모든 영화제에서 요구하는 것 중 하나가 스틸컷이다. 여기서 말하는 스틸컷이란 영화의 장면을 캡처한 사진을 뜻한다. 보통은 1장 정도 보내면 괜찮은데, 간혹 3장 이상 요구하는 곳도 있기 때문에 3장 정도 마련해두는 것이 좋다.

시놉시스

영화 제작 과정에서 쓴 시놉시스보다 더 간추려진 시놉시스가 필요
하다. 영화제마다 원하는 형식이 다를 수 있으니 미리 영화제용 시놉
시스를 써놓은 후, 영화제의 성격에 맞춰 내용을 수정하면 된다.

감독 사진

감독의 사진을 원하는 영화제도 있다. 보통은 증명사진 같은 형
식이 정해진 사진보다 셀카나 평소에 찍은 사진을 내는 경우가 많
다. 동아리 학생들끼리 날을 잡아 서로의 사진을 찍어두면 두고두
고 쓰기 좋다.

DVD와 케이스

영화제마다 다르지만 DVD로 구워서 영화를 제출해야 하는 경우
가 꽤 있다. 한 번에 DVD와 DVD용 케이스를 구매해두면 필요할
때마다 꺼내 쓰면 되기 때문에 시간이 많이 절약된다. 종이 케이스
는 저렴해서 부담 없이 쓸 수 있지만, 사는 것이 아깝다면 이면지를
활용해 만들어 쓰는 방법도 있다.

영화제 출품비

DVD로 영화를 제출할 때는 택배를 이용해야 하기 때문에 택배비
가 든다. 그래서 동아리에 영화제 출품용 예산을 따로 빼두거나 학
생들이 따로 돈을 모아두면 영화제마다 돈을 거둘 필요 없이 바로
사용할 수 있다.

아이들과 함께 성장한
모든 순간이 최고의 컷이다

원고를 쓰는 동안 고민이 많았다. 영화 동아리를 하면서 '앞으로 갈 길이 멀구나.' 하고 생각하고 있었는데, 느닷없이 남에게 조언하려고 하니 뭘 적어야 할지 잘 모르겠다는 생각에 막막했다. 결국 고등학교와 대학교를 거치면서 수업을 받고 친구들, 선후배들과 함께 영화를 만들었던 경험까지 다 끌어와서 썼다. 아이들과 영화 동아리를 하면서 겪었던 일들을 되새기며 겨우 원고를 마무리했다.

나중에 엄마(이 책의 공동 저자인 박현숙 씨가 나의 엄마다.)가 말하길 "사실 4장에 간단하게 영화 동아리를 곁들이는 느낌으로 쓰는 걸 생각했는데 네가 나만큼 써버려서 놀랐다."라는 것이 아닌가. 이 말을 듣고 '아, 좀 적당히 쓰는 게 나았을까?' 하는 생각이 들었다. 그렇게 생각하고 보니 전해주고 싶은 말들이 정말 많았구나 싶었다. 이것저것 쓰다 보니 내용이 많이 길어졌다.

작년 장곡마을학교에서 학생들과 했던 영화제가 생각난다. 학교에서 내가 만든 영화를 상영할 때는 영화제를 즐기기보다는 뭔가 잘못하거나 모자란 게 없는지 확인하는 데 급급해서 영화제를 즐기기가 어렵다. 내가 스태프로 참여한 영화가 나올 때도 마찬가지다. 내가 한 작업에 이상하거나 부족한 부분이 없는지 확인하느라 영화를 제대로 보지 못한다. 매번 볼 때마다 부족한 점만 보여서 '아, 이렇게 했어야 했는데!' 하고 후회하는 마음으로 영화를 보곤 했다. 영화를 완성했다는 후련함보다는 내가 했던 실수에 대한 마음이 더 커서 영화제는 항상 찝찝하고 아쉬운 기분으로 마무리되는 경우가 많았다.

하지만 아이들과 같이했던 영화제는 굉장히 오랜만에 참 재밌었던 영화제였다. 아이들이 조금씩 실수해도 관객들은 불편해하거나 걱정하지 않고 다 같이 웃어줬다. 아이들도 그런 관객들과 함께 자신의 영화를 보고, 즐겼다. 그 광경이 참 아름다웠다. 그래서 그런지 상영했던 모든 영화가 사랑스러웠다. 부족한 게 많음에도 아이들이 만든 영화들은 보고 있으면 장점이 더 크게 보였다. 마지막 영화를 볼 때는 혼자 울컥 하고 감동했다. 그때는 그 감정이 당황스러워서 필사적으로 울지 말아야지 하며 눈물을 참았다. 내가 참여한 영화에 애정을 가지고 본 것은 정말 오랜만이었다. 이런 감동을 꽤 오랫동안 잊고 살았구나 하는 생각도 들었다.

아이들의 이야기는 참 서툴고, 투박하다. 영화 동아리에서 처음 만드는 영화들이 다 그럴 것이다. 아무리 학생들이 솜씨 좋게 해보려고 해도 어른들 입장에서는 내용도 이해하기 어렵고, 만듦새도 어설픈 것이 아이들 영화다. 내가 장곡중학교 영화제에 가서 영화를 보고 있으면 도대체 무슨 내용인지 이해하기 어렵고, 반대로 엄마가 영화 동아리 영화를 볼 때면 이게 대체 무슨 내용이냐고 묻는 것과 같은 이치다.

아마 아이들의 영화를 가장 잘 즐길 수 있는 사람은 그 영화를 함께 찍은 선생님일 것이다. 시나리오도 함께 고민하고, 어떤 컷을 찍을까 생각하면서 아이들이 가진 이야기의 빛나는 지점을 발견하곤 한다. 그래서 함께 찍은 모든 영화가 사랑스럽게 느껴지는 것이다. 바로 이것이 내가 계속 영화 동아리를 하고 싶은 이유 중 하나다. 부족하진 않을까 내심 걱정도 앞서지만 앞으로 학교에서 영화 만들기를 해보고자 한다면, 영화 동아리를 할까 고민하고 있다면 이 책이 조금이나마 도움이 되었으면 좋겠다. 아이들과 영화를 만드는 동안 내가 느낀 행복을 다른 누군가에게도 전해주고 싶다.

고들풀

삶과 교육을 바꾸는
맘에드림 출판사 교육 도서

나는 혁신학교에 간다

경태영 지음 / 값 14,000원

공교육을 바꾸겠다는 거대한 희망을 품고 시작된 '혁신학교'. 이 책은 일곱 개 혁신학교의 이야기를 담고 있다. 지금 우리 교육이 변화하는 생생한 현장의 모습과 아이들이 꿈을 키우고 행복하게 공부하는 희망의 터로 새롭게 자리매김하는 학교들을 이 책에서 만날 수 있다.

혁신학교란 무엇인가

김성천 지음 / 값 15,000원

교육공동체가 만들어내는 우리 시대 혁신학교 들여다보기. 혁신학교 전반에 관한 이야기를 다루고 있는 책으로, 공교육 안에서 혁신학교가 생기게 된 역사에서부터 혁신학교의 핵심 가치, 이론적 토대, 원리와 원칙, 성공적인 혁신학교의 모습을 보이고 있는 단위학교의 모습까지 담아냈다.

학부모가 알아야 할 혁신학교의 모든 것

김성천, 오재길 지음 / 값 15,000원

학부모들을 위한 혁신학교 지침서!
'혁신학교에서는 무엇을, 어떻게 가르치고 있는지, 교사·학생·학부모는 어떻게 만나서 대화하고 관계를 맺어가는지, 어떤 교육 목표를 지향하고 있는지 등 이 책은 대한민국 학부모들의 궁금증에 친절하게 답을 한다.

덕양중학교 혁신학교 도전기

김삼진 외 지음 / 값 14,500원

이 책의 1부는 지난 4년 동안 덕양중학교가 시도한 혁신과 도전, 성장을 사실과 경험에 기반한 스토리텔링 방식의 성장기로 전개하고 있다. 그리고 2부는 지역사회와 협력하여 펼치고 있는 교육 프로그램, 배움의 공동체 수업 등을 현장 사례 중심의 교육적 에세이 형태로 담고 있다.

학교 바꾸기 그 후 12년

권새봄 외 지음 / 값 14,500원

MBC 〈PD 수첩〉에 방영되어 화제가 되었던 남한산초등학교.
아이들이 모두 행복하고, 얼굴 표정이 밝은 아이들. 학교 가는 것을
무엇보다 좋아하고, 방학을 싫어하는 아이들. 수업과 발표를 즐겼던
이 학교를 졸업한 아이들이 그 후 12년의 삶을 세상에 이야기한다.

교사는 수업으로 성장한다

박현숙 지음 / 값 12,000원

그동안 교사는 수업에서 아이들을 만나지 못해왔다. 관계와 만남이
없는 성장의 결손을 낳았다. 그리하여 우리 아이들과 교사들은 모두
참 아프고 외로웠다. 이 책에서는 교사, 학생, 학부모, 지역사회가
공동체로서 서로 관계를 맺을 때에만 배움은 즐거운 활동으로서
모두가 성장하는 삶의 일부가 될 수 있음을 보여준다.

교사와 학부모가 함께 읽는 주제 통합 수업

김정안 외 지음 / 값 15,000원

'서울형 혁신학교'로 지정된 7개 혁신학교들이 지난 1~2년 동안
운영한 주제 중심 통합 교육과정과 수업 사례를 소개한 책이다.
이 학교들의 교육과정은 전국적으로 이루어지는 혁신학교들의
성과를 반영하였고, 자신의 지역사회의 실제 환경과 경험을 살려
실제 수업에 적용한 것이다.

혁신교육 미래를 말한다

서용선 외 지음 / 값 14,000원

혁신교육은 2009년 이후 공교육 되살리기의 새로운 희망이
되어왔다. 이러한 정책을 입안하고 추진하는 데 기여해왔던 6명의
교사 출신 연구자들이 혁신교육 발전에 필요한 정책 과제들을 모아
하나의 책으로 제시한다. 이 책은 교육철학, 교육과정, 교육행정과
학교 운영 등에서 주요 이슈들을 정리하고 혁신교육의 성과와
과제가 무엇인가를 보여준다.

수업을 살리는 교육과정

서우철 외 지음 / 값 16,500원

최근 교육과정을 재구성하는 논의가 활발한 가운데, 이 책에서는 개별 교과목과 교과서의 형식에 얽매이지 않고 아이들의 발달을 고려하여 주제를 중심으로 교육과정을 재구성하여 통합적으로 운영하는 방법과 구체적인 실천 사례를 설명하고 있다. 이러한 과정은 같은 학년을 맡고 있는 교사들의 토론과 협력을 통해서 이루어진 것임을 이야기한다.

수업 딜레마

이규철 지음 / 값 14,000원

이 책을 관통하는 키워드는 '사람'이다. 노하우를 전수하는 것이 아니라, 수업 속에서 딜레마에 맞닥뜨려 고통받고 있는 선생님들의 고민을 담고, 신념을 담고, 그것을 이겨내기 위한 한 분 한 분의 마음을 담고 있다. 이런 고민 속에 이 책을 집어든 나를 귀하게 여기며 다시 한 번 교사로 잘 살아보고 싶은 도전을 하게 한다.

좋은 엄마가 스마트폰을 이긴다

깨끗한미디어를위한교사운동 지음 / 값 13,500원

스마트폰에 대한 아이들의 집착은 대단하다. 스마트폰은 '재미있고 편리하다.' 그러나 스마트폰 때문에 아이들은 시간을 빼앗기고, 건강이 나빠지고, 대화가 사라지며, 공부와 휴식, 수면마저 방해를 받는다. 이 책은 이러한 사례들을 생생하게 소개하고 부모들에게 아이들의 스마트폰 사용에 어떻게 대응해야 하는지 대안을 제시한다.

엄선생의 학급운영 레시피

엄은남 지음 / 값 14,000원

34년 경력의 현직 교사가 쓴 학급운영의 생동감 넘치는 지침서. 초등학교에서 아이들은 문자와 숫자를 익히는 것보다 학교와 교실에서 낯설고 모험적인 사건을 겪으면서 더 많은 것을 배운다. 이 책은 초등학교에서 교과서 지식보다 더 중요한 역할을 하는 학교생활과 학급문화를 만드는 데 있어 담임교사의 역할을 다룬다. 교사와 아이들이 서로 존중하고 신뢰하는 관계를 어떻게 만들어야 하는지 구체적인 경험과 사례로 설명해준다.

진짜 공부

김지수 외 지음 / 값 15,000원

혁신학교가 추구하는 '진짜 공부'와 '진짜 스펙'이 무엇인지 졸업생들의 생동감 넘치는 경험담. 12명의 졸업생들은 학교에서 탐방, 글쓰기, 독서, 발표, 토론, 연구, 동아리, 학생회 활동을 통해 자신들이 생각하지도 못한 진짜 공부를 경험했음을 보여준다. 이 책을 통해 수능이 아니라 정말로 청소년 스스로 하고 싶은 것을 즐기면서 성장하는 일이 우리 사회에 필요한 것임을 새삼 느낄 수 있다.

수업 디자인

남경운, 서동석, 이경은 지음 / 값 15,000원

서울형 혁신학교의 대표적인 수업 혁신을 담은 이야기. 아이들이 서로 협력하면서 배우는 수업을 목표로 삼은 저자들은 범교과 수업모임을 통한 공동 수업설계를 대안으로 제시한다. 아이들은 교사의 설명을 통해 배우는 것이 아니라 서로 '옥신각신'하며 함께 문제에 도전할 때 수업에 몰입하고 배우게 된다. 이 책은 이러한 수업을 위해서 교사들이 교과를 넘어 어떻게 협력하고 수업을 연구해야 하는지 잘 보여준다.

아이들이 가진 생각의 힘

데보라 마이어 지음 / 정훈 옮김 / 값 15,000원

미국 공교육 개혁의 전설적 인물 데보라 마이어가 전하는 교육 개혁에 대한 경이롭고도 신선한 제언. 이 책은 학교 혁신의 생생한 기록을 통해 우리가 학교에서 무엇을, 왜 가르치고 배워야 하는지에 대한 근원적인 성찰을 담고 있다. 아이들이 지성적으로 생각하는 마음의 습관을 배우는 것이 얼마나 중요하고 그것을 위해 학교가 무엇을 해야 하는지를 일깨워준다.

어! 교육과정? 아하! 교육과정 재구성!

박현숙·이경숙 지음 / 값 16,500원

이 책은 저자들이 학교 현장에서 교육과정 재구성이라는 화두를 고민하고, 실행한 사례들이 담겨져 있다. 책의 내용은 주제 통합 수업, 교과 통합 수업, 범교과 주제 학습, 교과 체험 학습, 프로젝트 수업 등 학교 현장에서 적용해 큰 성과를 본 것들을 세밀하게 소개하면서 교육과정 재구성 작업의 노하우를 펼쳐 보인다.

행복한 나는 혁신학교 학부모입니다

서울형혁신학교학부모네트워크 지음 / 값 16,000원

이 책은 학부모가 자신의 눈높이에서 일러주는 아이들의 혁신학교 적응기일 뿐만 아니라, 학부모 역시 학교를 통해 자신의 삶을 고양시켜가는 부모 성장기라는 점에서 대한민국의 모든 학부모들에게 건네는 희망 보고서이기도 하다. 혁신학교가 궁금한 모든 학부모들이 이 책을 통해 혁신학교 학부모로서의 체험을 미리 하는 데 부족함이 없을 것이다.

일반고 리모델링 혁신고가 정답이다

김인호, 오안근 지음 / 값 15,000원

이 책은 무엇보다 '혁신학교는 대학 입시에 도움이 안 된다'는 세간의 편견을 말끔히 떨어 없앤다. 이 책에서 저자들은 '결과' 중심 교육과정을 '과정' 중심으로 바꾸고, 교내 대회와 동아리 활동, 봉사 활동을 장려함으로써 대학 진학에 놀라운 결과가 어떻게 이루어질 수 있었는지를 보여주고 있다.

우리가 신뢰하는 학교, 어떻게 만들 것인가?

데보라 마이어 지음 / 서용선 옮김 / 값 15,000원

이 책의 저자인 데보라 마이어는 보수와 진보를 막론하고 미국 공교육 개혁 분야에서 가장 신뢰받는 실천가이자 이론가로 평가받는다. 학교 안에서 '신뢰의 붕괴'를 오늘날 공교육이 직면한 가장 큰 도전으로 인식한다. 이 책의 원제 'In Schools We Trust'에서 나타나듯, 저자는 신뢰할 수 있는 공교육의 조건이 무엇인지 자신의 경험 속에서 제안하고, 탐색하고, 성찰한다.

교사, 어떻게 살아야 하는가

김성천 외 지음 / 값 15,000원

오랫동안 교육 현장에서 교육과 연구를 병행해온 저자 5인이 쓴 '신규 교사를 위한 이 시대의 교사론'. 이 책은 학교 구성원과의 관계 맺기부터 학교 현장에서 맞닥뜨리게 되는 여러 가지 문제들과 극복 방법, 교육 개혁에 어떻게 주체로 설 수 있는지, 어떤 과정을 통해 개인의 성장을 도모해야 하는지 등 신규 교사의 궁금점에 대해 두루 답하고 있다.

리셋, 교육과정 재구성

서울신은초등학교 교육과정 연구회 모임 지음 / 값 16,000원

서울형 혁신학교인 서울신은초등학교 교사들이 1학년부터 6학년까지 모든 학년의 교육과정을 재구성하고 실천한 경험을 모두 담았다. 이 책에 소개된 혁신학교 4년의 경험은 진정한 학습이란 몸과 마음을 통해 경험함으로써, 생각이나 감정을 다른 사람과 주고받음으로써, 과거 경험을 새로운 지식으로 다시 생각함으로써 실현된다는 점을 잘 보여주고 있다.

다섯 빛깔 교육이야기

이상님 지음 / 값 16,000원

이 책은 충북 혁신학교(행복씨앗학교)인 청주 동화초등학교의 동화 작가 출신 선생님의 한해살이 이야기를 놀이 교육, 생태 환경 교육, 생활 교육, 수업 이야기, 공동체 교육 등 다섯 가지 이야기로 구분하고 모았다. '아이들의 삶을 가꾸는 교육'을 고민하던 저자가 동화초등학교 아이들을 만나면서 초등학생의 특성에 맞도록 활동 중심으로 교육과정을 재구성하는 한편, 표현 위주의 교육을 위한 생활 글쓰기 교육 실천이 바탕을 이루고 있다.

만들자, 학교협동조합

박주희 · 주수원 지음 / 값 14,500원

이 책은 학교협동조합이 무엇인지, 어떤 유형의 학교협동조합이 가능한지, 전국적으로 현재 학교협동조합의 추진 상황은 어떠한지, 국내외 사례를 통해 소개하고 안내하는 한편, 학교협동조합을 운영하는 원리와 구체적인 교육방법을 상세하게 풀어놓고 있다.

땀샘 최진수의 초등 수업 백과

최진수 지음 / 값 21,000원

초등학교에서 20여 년간 아이들을 가르쳐온 저자가 초등학교 수업에 대해서 기록하고 연구하고 실천하며 쌓아온 경험을 바탕으로 초등학생들과 수업을 함께하는 방법을 담고 있다. 이들의 학습 동기, 아이들이 수업에 참여하는 방법, 칠판과 공책을 사용하는 방법, 모둠 활동, 교과별 수업, 조사와 발표 등 초등학교 교사가 아이들을 가르칠 때 알아야 할 가장 기본적이면서도 가장 중요한 모든 것을 다루고 있다.

혁신 교육 내비게이터 곽노현입니다

곽노현 편저 · 해제 / 값 17,000원

서울시 18대 교육감이자 첫 번째 진보 교육감으로서 혁신 교육을 펼쳤던 곽노현은, 우리 사회 전반을 아우르는 주요 교육 현안들을 이 책에서 포괄적으로 다루고 있다. 2014년 3월부터 1년간 방송된 교육 전문 팟캐스트 '나비 프로젝트' 인터뷰에 출연한 전문가들과 나눈 대화와 그에 대한 성찰적 후기를 담고 있다.

무엇이 학교 혁신을 지속가능하게 하는가

권성호, 김현철, 유병규, 정진헌, 정훈 지음 / 값 14,500원

독일 '괴팅겐 통합학교', 미국 '센트럴파크이스트 중등학교', 한국 혁신학교의 사례들을 통해 성공적인 학교 혁신의 공통점을 찾아내고 그것을 지속가능하도록 만들기 위해서 필요한 것은 무엇인지를 보여준다. 독자들은 이 책에서 괴팅겐 통합학교의 볼프강 교장이 말한 것처럼 '좋은 학교'를 만들기 위한 학교 혁신에 세계적으로 보편적이라고 할 만한 공통점을 찾을 수 있다.

교과를 꽃 피게 하는 독서 수업

시흥 혁신교육지구 중등 독서교육 연구회 지음 / 값 16,500원

지난 5년 동안 진행된 혁신교육지구 사업의 일환으로 학교에서 고군분투하며 독서교육을 이끌어왔던 독서지도사들이 실천 경험을 엮어낸 것으로 청소년기 학생들에게 장래 진로, 사랑, 우정, 삶의 지혜를 찾는 데 도움을 주는 독서교육을 잘 보여주고 있다. 특히 이 책에 소개된 국어, 수학, 과학, 사회, 도덕, 미술, 역사 등 다양한 교과와 연계한 협력수업은 독서교육의 새로운 전망을 보여주는 결실이다.

혁신학교의 거의 모든 것

김성천, 서용선, 홍섭근 지음 / 값 15,000원

저자들은 이 책에서 혁신학교에 대한 100가지 질문에 답하면서 혁신학교의 역사, 배경, 현황, 평가와 전망을 구체적인 증거를 통해 설명하고 있다. 이 책에 서술된 혁신학교에 관한 100문 100답을 통하여 우리 사회에 필요한 교육은 무엇인지, 교사와 학생들이 더 즐겁게 가르치고 배우면서 성장할 수 있는 교육을 위해 필요한 것이 무엇인지, 그것을 위해서 우리 사회 시민 각자가 자신의 위치에서 무엇을 하면 좋은가를 더 깊이 생각해볼 기회를 얻을 것이다.

교실 속 비주얼씽킹

김해동 지음 / 값 14,500원

이 책은 비주얼씽킹 기본기부터 시작하여 교과별 수업, 생활교육, 학급운영 등에 비주얼씽킹을 응용하는 방법을 설명하고 있다. 특히 교사들이 초등학교 1학년부터 고등학교 3학년까지 국어, 수학, 영어, 과학, 사회 등 모든 교과 수업에 비주얼씽킹을 활용할 수 있도록 수업 지도안을 상세하면서도 간결하게 제시하고 있다.

교육과정-수업-평가 어떻게 혁신할 것인가

이형빈 지음 / 값 15,500원

이 책은 교육과정 사회학자 번스타인(Basil Bernstein)이 제시한 '재맥락화(recontextualized)'의 관점에 따라 저자가 장기간에 걸쳐 일반 학교 한 곳과 혁신학교 두 곳의 수업을 현장에서 면밀하게 관찰하고 심층 인터뷰와 설문조사를 통한 연구를 바탕으로 무기력과 불평등을 재생산하는 교실을 민주적이고 평등한 구조로 바꾸기 위해 교육과정-수업-평가를 어떻게 혁신해야 하는지 제안하는 내용을 담고 있다.

혁신학교 효과

한희정 지음 / 값 15,000원

혁신학교 효과를 살펴보기 위해 혁신학교가 OECD DeSeCo 프로젝트에 제시된 '핵심 역량'을 가르치고 있는지, 학생·학부모·교사가 서로 배우는 교육공동체를 이루고 있는지, 학생의 발달을 위한 다양한 교육과정을 운영하고 있는지, 교사의 자율성과 전문성을 강화하고 있는지, 자치적이고 민주적인 학교문화를 가지고 있는지, 지역사회와 협력하고 있는지를 다른 일반 학교와 비교하여 설명한다.

교실 속 생태 환경 이야기

김광철 지음 / 값 15,000원

아이들이 자연과 친해지고 즐길 수 있도록 교육하는 것은 쉬운 일이 아니다. 특히 도시에서는 더욱 어렵다. 그래서 이 책은 도시 지역 학교에서도 쉽게 실천에 옮길 수 있는 다양한 생태·환경교육을 폭넓게 다루고 있다. 이 책에서 저자는 계절에 따라 할 수 있는 20가지 환경교육 프로그램을 제시하고, 방법과 순서, 재료 등을 상세히 설명해준다

이제는 깊이 읽기

양효준 지음 / 값 15,000원

아이들은 교과서에 수록된 작품이나 이야기 전체를 읽지 못한 상태에서 단편적인 지문만 읽고 이해를 해야 하기 때문에 책을 읽으면서 생각하고 공감할 수 있는 기회와 흥미를 찾을 수 없게 된다. 이 책은 이러한 문제를 개선하기 위해서 한 권이라도 책 전체를 꾸준히 읽어가는 방법인 '깊이 읽기'를 대안으로 소개하고 있다.

인성의 기초가 되는 초등 인문학 수업

정철희 지음 / 값 15,500원

이 책은 아이들의 올바른 인성교육을 위한 새로운 방법으로서 인문학 수업을 제시하고 있다. 이 책에서 설명하고 있는 인문학 수업은 교사가 신화, 문학, 영화, 그림, 역사적 인물의 일대기 등에서 이야기를 찾아 아이들에게 제시하고, 아이들이 그 이야기에 나오는 여러 문제와 인물 등에 대해 자신의 감정을 스스로 공책에 기록하고 일상의 경험과 비교하고 토의와 토론을 통해 자신의 생각을 발전시키는 수업이다.

수업, 놀이로 날개를 달다

박현숙, 이응희 지음 / 값 13,500원

이 책은 교육계에서 최근 가장 중요한 과제로 삼고 있는, OECD의 여덟 가지 핵심 역량(DeSeCo)에 따라 여러 놀이들을 분류해서 설명하고 있다. "놀이에 내재된 긴장의 요소는 사람의 심성, 용기, 지구력, 총명함, 공정함 등을 시험하는 수단이 되므로" 그것은 학생들의 역량을 키우는 수단이 된다. 이 책의 저자들은 수업이 놀이를 만났을 때 어떻게 핵심 역량이 강화되는지 이야기하고 있다.

더불어 읽기

한현미 지음 / 값 13,500원

이 책은 교사들이 학습공동체를 통해 교직의 전문성과 자율성을 새롭게 발견하며 성장하는 이야기를 다룬다. 우리 사회의 기존 교육 제도는 효율성이라는 명분으로 아이들에게 경쟁을 강요하면서 교사들 역시 서로 경쟁하도록 만드는 시스템으로 이루어져 있다. 이 책에서 저자는 이러한 비인격적인 제도와 환경 아래서 교사들이 행복을 되찾기 위해서는 서로 협력하며 같이 배우면서 아이들과 함께 성장할 수 있어야 한다고 말한다.

땀샘 최진수의 초등 글쓰기

최진수 지음 / 값 17,000원

글쓰기가 아이들에게 필요한 중요한 것이 되려면 먼저 솔직하게 써야 한다. 모르는 것은 '모른다', 잘못은 '잘못이다', 싫은 것은 '싫다', 좋은 것은 '좋다'고 솔직하게 드러낼 때 글쓰기는 아이가 성장하는 디딤돌이 될 수 있다. 그리고 이것은 가르치는 교사에게도 적용된다. 지도하는 사람과 지도받는 사람이 따로 있는 것이 아니라 함께 쓰고 함께 나누면서 서로 성장을 돕는 것이다.

성장과 발달을 돕는 초등 평가 혁신

김해경, 손유미, 신은희, 오정희,
이선애, 최혜영, 한희정, 홍순희 지음 / 값 15,500원

교육적 대안을 마련하기 위해 혁신학교에서 지난 5~6년 동안 초등학생의 성장과 발달을 돕는 평가를 실천해온, 현장 교사 8명의 지혜와 경험을 모아놓은 최초의 결실을 담고 있다. 독자들은 이 책을 통해 평가는 시험이 아니며 교육과정과 수업의 연장으로서 아이들의 잠재력을 측정하고 적절한 조언을 제공한다는 원래의 목표를 되살리는 첫걸음을 찾을 수 있을 것이다.

수업 코칭

이규철 지음 / 값 15,500원

가르치는 일을 함으로써 학생들의 배움을 돕는 교사들에게 수업은 시간적으로도 공간적으로도 학교에서 자신이 하는 일의 중심을 이룬다. 그래서 수업에 관한 고민은 교과를 가리지 않고 교사들에게 일반적으로 드러난다. 교사들은 공통의 문제로 씨름하게 된다. 최근에 그 공통의 문제를 교사들이 함께 풀어나가자는 흐름이 곳곳에서 일어나고 있다. 이 책은 그중에서도 '수업 코칭'이라는 하나의 흐름을 다룬다.

교사들이 함께 성장하는 수업

서동석, 남경운, 박미경, 서은지,
이경은, 전경아, 조윤성 지음 / 값 15,000원

아이들의 배움에 중점을 둔 수업을 위해 구성한 교사 학습공동체로서, 서로 다른 여러 교과 교사들이 수업을 디자인하고 연구하는 '수업 모임'에 관해 다룬다. 수업 모임 교사들은 공동으로 교과 수업을 디자인하고, 참관하고, 발견한 내용을 공유하고 평가하는 피드백을 통해 수업을 개선해간다.

땀샘 최진수의 초등 학급 운영

최진수 지음 / 값 19,000원

이 책의 저자는 학급운영의 출발은 아이들을 '가르치는 대상'에서 '존중받는 존재'로 바라보는 것에서 시작해야 한다고 이야기한다. 또한 아이들과 함께하면서 교사는 성장한다. 이러한 성장은 시간이 흐르고 경력이 쌓인다고 이뤄지는 것이 아니라 여러 가지 어려운 문제를 헤쳐나가며 교사 스스로 자신을 되돌아보고 성찰할 때 비로소 아이들과 함께하는 올바른 학급운영이 이루어진다고 말한다.

당신의 교육과정-수업-평가를 응원합니다

천정은 지음 / 값 14,500원

이 책은 빛고을혁신학교인 신가중학교에서 펼쳐진, 학교교육 혁신 과정과 여전히 완성되지 않은 그 결과를 다루고 있다. 드라마 〈대장금〉에 나오는 '신비'의 메모가 보여준 것과 같이 교육 문제를 여전히 아리송한 것처럼 적고 묻고 적기를 반복하며 다가가는 것이다. 저자인 천정은 선생님은 이 책을 통해 자신의 수업이 앞으로도 교육의 본질에 더 가깝게 계속 혁신되기를 바라고 있다.

에코 산책 생태 교육

안만홍 지음 / 값 16,500원

오늘날 인류에게는 에너지와 자원을 대량으로 소비하는 생활양식이 보편화되어 있다. 이러한 생활양식은 자연을 파괴하고 수많은 환경 문제를 야기하고 있다. 이 책은 그러한 생태 교육을 위해 필요한 내용을 다루고 있다. 아이들이 지구 환경을 다시 복원하기 위해서 갖춰야 할 것은 관찰하고 기록하고 어떤 과학적 추론을 이끌어내는 능력이 아니라, 오감을 통해 스스로 자연을 느끼고, 자연의 소중함을 배우는 것이다.

I Love 학교협동조합

박선하 외 지음 / 값 13,000원

학교에 협동조합을 만드는 일에 참여했던 학생들의 협동조합 활동과 더불어 자신과 친구들이 어떻게 성장했는지를 이야기한다. 글쓴이 중에는 중학교 1학년 때부터 사회복지사라는 장래 희망을 가지고 학교협동조합에 참여한 학생도 있고, 고등학교 3학년 때 참여하기 시작한 학생도 있다. '뭔가 재있을 것 같다'는 호기심을 가지고 시작한 학생이 있는가 하면, 어떤 학생은 자의 반 타의 반으로 학교협동조합에 참여했다.

내면 아이

이준원, 김은정 지음 / 값 15,500원

그동안의 상담 사례를 모아 부모·교사의 마음속에 숨어 있는 완벽주의, 억압, 방치, 거절, 징벌, 충동성, 과잉보호 등의 '내면 아이'가 자녀/학생과의 관계에서 어떠한 영향력을 행사하는지, 어떻게 갈등을 일으키는지 볼 수 있게 한다. 그 뿌리를 찾아 근원부터 치유하는 방법들은 필자의 경험을 바탕으로 종합한 것이다. 또한 임상 경험을 아주 쉽게 소개하여 스스로 자신의 '내면 아이'를 만나고 치유할 수 있도록 하는 데 중점을 두었다.

얘들아, 하브루타로 수업하자!

이성일 지음 / 값 13,500원

최근에는 공부 방식이 외우는 것에서 생각하는 것으로, 수업 방식은 교사 위주의 강의 수업에서 학생 위주의 참여 수업으로 많은 변화가 이루어지고 있다. 이는 4차 산업혁명 시대를 살아가야 할 학생들을 위해서는 당연한 것이다. 학교 교실에서 실제로 질문하고, 토론하는 하브루타 참여 수업의 성과를 담은 이 책은 하브루타 수업을 통하여 점점 성장해가는 아이들의 모습을 보여준다.

핵심 역량을 키우는 수업 놀이

나승빈 지음 / 값 21,000원

《핵심 역량을 키우는 수업 놀이》는 나승빈 선생님만의 스타일이 융합된 놀이책이다. 이 책은 교실에 갇혀 넘치는 에너지를 발산하지 못하는 아이들과, 단순한 재미를 뛰어넘어 배움이 있는 수업을 고민하는 선생님을 위한 것이다. 본문에서는 수업 속에서 실천이 가능한 다양한 놀이를 제시하고 있다. 각각의 놀이들을 수업과 어떻게 연계할 수 있으며, 수업 놀이를 통해 어떤 역량을 키울 수 있는지 이야기한다.

교실 속 비주얼 씽킹 (실전편)

김해동, 김화정, 김영진, 최시강,
노해은, 임진묵, 공세환 지음 / 값 17,500원

전 편이 교과별 수업, 생활교육, 학급운영 등에 비주얼씽킹을 응용하는 방법을 이론적으로 설명했다면, 《교실 속 비주얼씽킹 (실전편)》은 실제 초중·고 학생을 대상으로 수업을 진행한 교사들의 활동지를 담았다.

수업 고민, 비우고 담다

김명숙, 송주희, 이소영 지음 / 값 15,500원

수업 하기의 열정을 잃지 않고 수업 보기를 드라마 보는 것만큼 재미있어 하는 3명의 교사가 수업 연구에 대한 이론적 체계가 아닌, 현장에서의 진솔한 실천 과정을 순도 높게 녹여낸 책이다. 이 속에는 수업에서 실패를 두려워하지 않는, 발랄한 아이들과 함께한 자신의 교실을 용기 있게 들여다보며 묵묵히 실천적 연구자로 살아가는 선생님들의 고민과 성장이 담겨 있다.

뮤지컬 씨, 학교는 처음이시죠?

박찬수 · 김준성 지음 / 값 12,000원

학교 현장에서 학생들과 함께 교육 뮤지컬을 만든 두 교사의 이야기와 노하우를 담은 책. 처음 학생들과 교육 뮤지컬을 시작하는 교사를 위해 공연을 올리기까지의 과정에 대한 이야기를 풀어나갔다. 뮤지컬 기획, 예산부터 오디션, 동아리, 연기 지도, 무대 구성 등 뮤지컬 지도 시 필요한 실질적 노하우를 제공한다. 교과목 중심, 경쟁 위주의 교육에서 벗어나 개인의 잠재력을 계발하는 뮤지컬은 감히 최고의 교육이라 할 만하다.

어서 와, 학부모회는 처음이지?

조용미 지음 / 값 15,000원

두 아이의 엄마인 저자가 다년간 학부모회 활동을 하면서 알게 된 노하우와 그간의 이야기들을 담은 책. 학부모회 활동을 처음 시작하는 이들이나, 이미 학부모회에서 활동 중이지만 학교라는 높은 벽에 부딪혀 방향성을 고민 중인 이들에게 권한다.

학교협동조합 A to Z

주수원·박주희 지음 / 값 11,500원

'학교협동조합'의 설립 및 운영과 관련해 학생, 학부모, 교사들이 궁금해할 만한 이야기들을 질문과 답변 형식으로 풀어냈다. 강의와 상담을 통해 자주 접하는 질문들로 구성했으며, 학교협동조합과 관련된 개념들을 좀 더 쉽고 빠르게 이해하는 데 중점을 두었다.

색카드 놀이 수학

정경혜 지음 / 값 16,500원

몸짓과 색카드로 초등학교 1학년부터 6학년까지 배우는 수와 연산을 익힐
수 있도록 가르치는 방법을 다룬다. 즉, 색카드, 수 놀이, 수 맵, 몸짓 춤,
스토리텔링, 놀이가 결합되어 아이들이 다양한 감각을 통해 몸으로 수학의
개념과 원리를 터득하게 하는 것이다. 놀이처럼 수학을 익히면서 개념과
원리를 터득해나갈 때 아이들은 단순히 수학 지식을 배우는 것이 아니라
그것을 실제로 사용할 수 있는 지혜를 배운다.

교육을 교육답게 우리교육 다시 세우기

최승복 지음 / 값 16,000원

20여 년간 교육부 공무원으로 정책을 연구하고 입안해온 저자가 우리
사회가 당면한 교육 문제의 본질과 대안을 명확하게 정리한 책. 저자는
표준화된 교육과정과 평가에 따라 학생들에게 획일성과 경쟁만 강조해왔던
과거의 교육을 단호히 비판하고 학생 개개인에게 맞는 개별화 교육이
필요하다고 주장한다.

처음부터 다시 시작하는 수업

민수연 지음 / 값 13,500원

1년 동안 아이들과 교사가 함께 행복한 교실을 만들어 나간 기록들이
담겨 있다. 교육의 본질과 교사의 역할, 교육관과 인간 본성에 관한 철학적
고민부터 구체적 방법론, 아이들의 참여와 기쁨에 이르기까지 교육과
관련된 다양한 요소가 버무려져 마치 한 편의 드라마 같다.

혁신교육 정책피디아

한기현 지음 / 값 15,000원

이 책의 저자는 교육 현장은 물론, 행정 프로세스에 대한 경험을 모두
갖춘 만큼 교원업무정상화, 학폭법의 개정, 상향식 평가, 교사인권 보호,
교육청 인사, 교원연수 등과 관련해 교육 현장의 가려운 곳을 제대로 짚어
긁어주면서도 현실성 높은 다양한 정책들을 제안한다.

독자 여러분의 소중한 원고를 기다립니다

맘에드림 출판사는 독자 여러분의 소중한 원고를 기다리고
있습니다. 원고가 있으신 분은 momdreampub@naver.com으로
원고의 간단한 소개와 연락처를 보내주시면 빠른 시간에
검토하여 연락을 드리겠습니다.